叢書 世界システム 2

長期波動

新装版

宇仁宏幸
岡久啓一
遠山弘徳
山田鋭夫・訳

藤原書店

責任編集 イマニュエル・ウォーラーステイン

Immanuel WALLERSTEIN ed.

LONG WAVES

(Essays selected from REVIEW)

Japanese translation published by arrangement
with Fernand Braudel Center
through The English Agency (Japan) Ltd.

叢書〈世界システム〉2

長期波動　目　次

序　長期波動の研究はなぜ論争的なのか　I・ウォーラーステイン　山田鋭夫訳　7

資本主義世界経済の循環リズムと長期的トレンド　I・ウォーラーステイン　T・K・ホプキンス他
——いくつかの前提、仮説、問題——
▼資本主義は中核と周辺をもった世界システムであり、その成長は循環リズムと長期的トレンドを示す。その理由についていくつかの前提、仮説および問題点が検討される。　遠山弘徳訳　11

書評論文
コンドラチェフ波動は上昇しているのか下降しているのか　I・ウォーラーステイン
▼現代がコンドラチェフ波動のどの局面にあるのかについてロストウ説とマンデル説を検討する。両者がともに見落としているロジスティック波動との関係に注意すべきである。　岡久啓一訳　39

資本主義的プロセスとしての長期波動　I・ウォーラーステイン
▼コンドラチェフ波動は、需要と供給の不一致を原因とするグロー　55

バルな利潤率のリズムである。また波動の長さは、剰余の分配をめぐる政治闘争をぬきにしては説明できない。

山田鋭夫訳

長期波動と労働過程変化

R・クームズ

▼機械化の発展諸段階と長期波動との相互関係を検討すると、下方転換点において、プロセスイノベーションおよび資本財部門が重要な役割を果たすことが明らかになる。

宇仁宏幸訳

77

一七八〇年から二〇〇〇年までの長期波動の解釈のために

A・ティルコート

▼長期波動のメカニズムの説明としては、従来、貨幣的要因や技術革新の役割を強調するものがあった。ここでは第三の可能性として、不均等性を媒介としたメカニズムを示す。

岡久啓一訳

107

六ヵ国の長期波動
――新しい方法にもとづく諸結果と考察――

J・B・テーラー

▼段階的多項式回帰を用いて中心六ヵ国の長期波動を分析する。そ

125

こに見い出されるC波動は世界経済の市場構造の転換に、K波動は生産組織等の社会的転換によるものである。

岡久啓一訳

段階的多項式回帰
——近道か、回り道か——
H・ブリル 151

▼経済時系列の中に波形を同定するために採用された段階的多項式回帰という手法は、経済過程の基礎にある波形をランダムな過程が生みだした波形から識別できない。
遠山弘徳訳

循環をめぐる問題
——ブリルへの回答——
J・B・テーラー 177

▼テーラー＝コインの手法に対するブリルの批判は的はずれではあるが、循環分析の成果とそれをめぐる形而上学的信念を再考するうえで有益な出発点となる。
遠山弘徳訳

参考文献 217

叢書〈世界システム〉2

長期波動

凡　例

一　本書は、I・ウォーラーステインの責任編集による叢書〈世界システム〉の第二巻であり、この叢書は日本語版のために独自に編集された。

二　ここに第二巻『長期波動』として編集・訳出された諸論稿の原題や初出は、順に左のとおりである。新稿の「序」を除いて、いずれも雑誌 *Review*（Fernand Braudel Center for the Study of Economies, Historical Systems, and Civilizations, State University of New York, Binghamton）に掲載されたものであるので、以下では誌名を省略する。

Immanuel Wallerstein, "Why is the Study of Long Waves Controversial?", (Introduction to *The Long Waves*, 1991.)

Terence K. Hopkins, Immanuel Wallerstein, and others, "Cyclical Rhythms and Secular Trends of the Capitalist World-Economy : Some Premises, Hypotheses, and Questions," II, 4, Spr. 1979.

Immanuel Wallerstein, "Kondratieff Up or Kondratieff Down?". II, 4, Spr. 1979.

Immanuel Wallerstein, "Long Waves as Capitalist Process," VII, 4, Spr. 1984.

Rod Coombs, "Long Waves and Labor-Process Change," VII, 4, Spr. 1984.

Andrew Tylecote, "Towards an Explanation of the Long Wave, 1780-2000,"VII, 4, Spr. 1984.

James B. Taylor, "Long Waves in Six Nations : Results and Speculations from a New Methodology," XI, 3, Sum. 1988.

Howard Brill, "Stepwise Polynomial Regression : Royal Road or Detour?,"XI, 3, Sum. 1988

James B. Taylor, "The Troubles with Cycles : A Reply to Brill," XI, 3, Sum. 1988.

三　訳文中、（　）および［　］は原文のまま、〔　〕は訳注ないし訳者補足、「　」は原文の"　"であり、また、、、は原文が強調のためのイタリックの箇所である。

序　長期波動の研究はなぜ論争的なのか

イマニュエル・ウォーラーステイン

社会諸過程のうちには周期的変動《サイクリカル》があるという事実はごく初歩的で明瞭なことなので、ほとんどだれもそのことに異を唱えはしない。収穫変動というものがあって食物価格が上下するということを、われわれは知っている。開かれた政治システムがあれば、選挙民はあいつぐ選挙である時は右寄りに、つぎには左寄りになりやすいということを、われわれは知っている。こういったほんの短期的な変動について語るかぎりでは、論争の余地はほとんどない。

しかしながら、同じような変動がもっと長期の期間（「長期波動」）にわたってあるのではないかと言った途端に、大論争が起こる。多くの人びとが、いわゆる長期波動はしっかりした経験的基礎をもっていないと抗議するであろうし、あるいは、前提となっているデータは巧妙な統計操作の結果でしかなく社会的現実を反映していないと述べたてるであろう。実際、長期波動が存在するか否かの論争は、しばしばまことに感情的になってしまう。

短期波動はひろく認められているのに、長期波動（あるいは少なくとも、より長期の波動）がかくも論争的になるのは奇妙なことだ。なぜそうなるのか。明確な二つの理由がある。ひとつは経験的理由であり、もうひとつは理論的理由である。

経験的理由というのは、カバーすべきタイム・インターバルが長くなればなるほど、いうところのきちんとしたデータを得ることがそれだけ困難になるということである。時間的にずっと昔にさかのぼり空間的に広範囲にわたる数字の系列が必要となるが、いろいろな歴史的理由から、そのような数字系列はめったに見いだせるものではなく、またそれを信頼できる形でつくりあげることも難しい。

理論的理由とは、経済分析にとって長期波動がもつ意味にかかわる。短期波動は政府に対して直接の政策課題を提起する。つまり政府はできるかぎり、景気下降を阻止し景気上昇から政治的に利益を得ようとする。短期波動にかんしては、あるひとつのことがはっきりしてくる、——短期波動は長く持続しないということである。だから短期波動は、システムの運行にとってそれほどの脅威とはならない。短期波動はだれにとっても明瞭なので、それを否定することは困難である(否定しても一般に無意味である)。

これに対して長期波動が存在すると認めることは、システムが長期的構造をもち、したがってシステムとしての特徴をもつと主張することである。それは一時的な直接の変動の問題から離れて、われわれの注意を資本主義世界経済の基礎に横たわる諸過程へと差し向けることである。そういった諸過程は各種国家のコントロールに服していない。むしろこれら諸過程は、そのなかで国家の諸政策が遂行されねばならないパラメーターである。それを研究するということは、全体としてのシステムの運行をその全歴史にわたって反省してみるということである。

最も有名な「長期波動」はいわゆるコンドラチェフ・サイクルであって、これは一九二〇年代のロシアの経済学者ニコライ・コンドラチェフにちなんだ命名である。かれはいかなる意味でもその概念を創案したわけではないが、かれ以前のどの仕事よりもはるかに明晰に重要な経験的作業をおこなったのであり、四五―六〇年の長さをもつサイクルがあることを前面に押しだしたのであった。そしてコンドラチェフ以来、長期波動の経験的リアリティーやその理論的意義について、またそれを研究するための適当な方法の開発について、多くの仕事がなされてきた。

コンドラチェフ・サイクルの研究はそれ自身コンドラチェフ・サイクルの関数だと、しばしばからかわれている。つまりA期間〔上昇局面〕にはそれは無視され、B期間〔下降局面〕には復活する。コンドラチェフ自身が一九二〇―四五年にまたがるB期間のなかで著述したのであり、コンドラチェフ・サイクルへの関心は実際、そのつぎのB期間――多くのひとによれば、これはほぼ一九六七―七三年にはじまり、われわれは依然としてそのなかにいる――に復活した。

雑誌としての *Review* も研究所としてのフェルナン・ブローデル・センターも、当初より「長期波動」には格別の関心を寄せてきた。この巻の第一論文はブローデル・センターの研究プログラムを表明したものであって、長期波動分析がわれわれの展望において中心的位置をしめるものだということを明確にしている。第二論文は、この問題に対するロストウ的アプローチとマンデル的アプローチがまったくちがっている、ということを論じている。第三論文は、長期波動の説明とその意義についてのわれわれの理論的立場を表明している。この論文は、クームズ論文ならびにティルコート論文とともに、一九八三年パリで開催された〈長期波動にかんする国際円卓会議〉で発表されたものである。この会議は、フェルナン・ブローデル・センターも共催者の一人となった。あとの三論文は長期波動研究の方法論についての論争である。方法論的問題についての立場のちがいはたんにテクニカルな問題なのではなく、理論的観点のちがいに由来しているということが、読者には明らかとなってくるはずである。（山田鋭夫訳）

資本主義世界経済の循環リズムと長期的トレンド

——いくつかの前提、仮説、問題*——

イマニュエル・ウォーラーステイン
テレンス・K・ホプキンス他**

1　資本主義には、事実上、だれもが同意する一つの特徴がある。その歴史をつうじてシステムとして「成長」してきた、という事実である。

1・1　成長が議論される場合には、それぞれにコード名をあたえるが、通常、五つの次元においておこなわれる。最初の四つの次元では、その過程の動態や細かな点をめぐってずいぶん議論されてきたが、その現象が存在するという点では意見の一致をみている。第五の次元についていえば、その次元が存在するかどうかで論争がおこっており、その問題についてまったく正反対の見解が示されている。

1・1・1　「機械化」。これは次の事実を示している。時間の経過とともに、ますます多くの生産過程がその投入すなわち「エネルギー」のますます大きな割合を機械（もしくは固定資本、蓄積された労働、非人間的な労働手段）から引き出すようになってきているという事実である。この過程の複合体を「工業化」と呼ぶものもいれば、「生産諸力の成長」と呼ぶものもあり、また「資本の蓄積」と呼ぶものもいる。

1・1・2　「契約化」。これは、社会諸関係の「自由」な領域がますます拡大してきている事実に関連している。あらかじめ定められたある一定の規則（「慣習」もしくは「身分から契約まで」でいわれるような「身分」）による支配とは反対に、当事者間の直接契約によって規制される場合に利用される。それが契約である。これは法制度の変化を要求するが、それ自体、政治的軍事的活動、たとえば合法的な改革、革命、戦争、植民地化、帝国主義といった活動の結果である。契約は一般的に所有権を保証する形態をとる。ここには、慣習の結果でなく、むしろ契約の結果であるかぎり、集団的所有権も含まれる。

1・1・3 「商品化」。これは原理的に、土地と労働が契約対象となり、事実上商品に転化する、ということを意味する。土地が譲渡可能になるのは、しばしば、慣習的な所有者から土地が剝奪された結果である。労働は「自由」になる、もしくは「自由であることを強制される」。これは通常、所有を保証する代替的な方法を排除した結果である（農業労働者は土地を持たない者と考えられる）。この後者がプロレタリアート化としばしば呼ばれる過程である。「国民」市場ないしは「国内」市場の存在は通常つぎのことを意味する。一定の国境内での「機械化」の進み具合に応じて「供給される」生産に対して、その同じ国境内での「商品化」の進展程度が十分に適切な需要を創造する、ということである。

1・1・4 「相互依存」。これは分業が進展し、社会的労働が発展していくことに関係している。すなわち世界経済の中で、ある地域の生産過程がどの程度他の地域の生産過程に組み込まれ、依存し、統合されているのか、ということである。これにともない、「自営農業者」、「職人」そして比較的小さな領域を自給自足経済的に営むその他の活動が徐々に排除されていく。生産過程がさらに統合されていくにつれて、「贅沢品」の生産が減少し、「必需品」の生産が多くなる、と言うことができる。交易そのものが相互依存の証拠では決してなく、「必需品」の交易のみがその証拠なのである。

1・1・5 「両極分化」。これは、世界経済のさまざまな地域で不均等発展がすすむことに関係している。つまり「中核」と「周辺」は、繁栄の程度でみても社会構造でみても、はるかにかけ離れたものとなっている、ということである。繁栄の程度でみると、両極分化は世界資本の「集中化」はもちろんのこと「集積」の昂進の結果であり、そしてそれにともなう高賃金構造の結果である。社会構造の面からみれば、両極分化は課業の専門化が進んだ結果であって、そうしたことがしだいに労働を組織するのに相異なる方法を必要とするようになり（「自由な」労働対「強制された」労働）、相異なる政治構造をも必要とするようになる（より「自由な」国家機構対「独裁的な」国家機構）。両極分化は、（おそらく包括的にいたる所で発生する）「商品化」過程にかんする新古典派的理解に矛盾する。これこそが両極分化にかんする論争の主たる源泉である。

1・2　いったん、これらの次元にそった成長の存在が認められたならば、残る課題は成長のパターンを記述することだけである[(1)]。

1・2・1　一般的に認識されているように、包括的な成長は、いくつかの次元もしくはすべての次元にそった連続的で線形的なものではなく、間歇的に、言いかえれば拡張と停滞の循環の中で進行するものである。

1・2・2　われわれは、資本主義世界経済の成長が「循環的」性格を示し、その循環パターンが世界経済を構成していると考える。資本主義世界経済とは、不断の蓄積へと駆り立てる衝動が諸矛盾を創造し、その結果成長の連続的で線形的な進行が不可能となり、また今後も資本主義としてとどまることが不可能となるような、そういった経済である。

1・2・3　さらにわれわれは、成長過程の循環的性格がもたらす一つの主要な結果をつぎの点にみる。すなわち、諸地域の空間的な位置シフトが世界経済の中では持続的であり、不可避である、という点である。どの領域が中核であり、周辺であり、そして半周辺であるかは、それらの領域を決定する社会構造や経済活動の諸形態がそうであるように、規則的に変化するのである。

しかしながら、そのような地理的シフトや形態シフトでさえ、システムの基本的な構造変化を形成するものではない。そのシフトは主として「椅子とりゲーム」のようなものであって、そこでは中核と周辺という相対的役割は依然変わらず、解消することはない（実際、諸地域は以後も「両極分化」されている）。

1・2・4　これによって、二つのタイプの一般的探求へとみちびかれる。

1・2・4・1　資本主義世界経済がこのような仕方で機能するということを示す、いかなる証拠があるか。

1・2・4・2　なぜこのような仕方で資本主義世界経済は発展するのか？

2　さまざまな種類の長期波動。

2・1　われわれの関心は、周期性が世界規模で存在することを裏づける証拠にある。さまざまな種類の長期波動についての証拠は存在するが、その大半は、ふつう中核地域に位置する単一の国家の系列（もしくはより狭い地域のそれ）である。[2] それゆえわれわれは、主としてヨーロッパ（北アメリカ）についてだけ、周期性を示す証拠を吟味できるにすぎない。

2・2　資本主義世界経済の循環リズムにかんする文献は、さまざまな長さの循環を議論している。すなわちキチン波（三―四年）、ジュグラー波（九―十年）、コンドラチェフの波（四〇―六〇年）[3]（一七―一八年の運輸／建設循環と呼ばれるものもある）。短期循環が長期的なものにフィットするという議論もある。コンドラチェフ循環はしばしば「長期波動」と呼ばれるが、われわれはここでの議論にあたって、そのコンドラチェフ波動よりも短い循環を無視する。

2・2・1　コンドラチェフ波動はもともとコンドラチェフによって以下の時期に発生したと主張された。[4]

上昇	下降
一七八〇年代／一七九〇―一八一〇／一七	一八一〇／一七―一八四四／五一
一八四四／五一―一八七〇／七五	一八七〇／七五―一八九〇／九六
一八九〇／九六―一九一四／二〇	一九一四／二〇―

2・2・2　この日付はわずかばかり修正されてくり返され、やがてシュンペーター（Schumpeter, 1937）、マンデル（Mandel, 1972）、ロストウ（Rostow, 1978）によって提示された。[5]

2・2・3　コンドラチェフ循環の理論を論じるものは最初の波が一八世紀の最後の二〇年に発生したとみているが、この点は注意されるべきである。したがってかれらは、イギリスの「産業革命」にコンドラチェフ波動の始まりをみる。けれども、多くの経済史家は、かれらが記述している地域にかんして、一五世紀から一八世紀にかけてもコンドラチェフ循環が存在したことを語っている。[6]

2・2・4　コンドラチェフ波動が現実に存在することを示す証拠は何か。その存在を信じる者たちは、生産数量（工業および農業部門のそれ）、貿易量およびその総額、実質賃金水準、利子率、移民のトレンド、交易条件――これらすべてがやがて一致した循環的パターンを見せるということを示すために、データ（きわめて不均一なデータ）をそろえてきた。採用されているデータの多くは国家レベルのデータ（そして主として西ヨーロッパと北アメリカのデータ）であるから、これらのパターンが世界経済全体の反映であると主張することは、好意的にみても、思弁的な推論にすぎない。多くの現象が中核と周辺において逆の影響をあたえる、ということは事実ありうることかもしれない。いずれにせよ、データは技術的な適切さを欠いている。それにもかかわらず、研究を進めるに値するコンドラチェフ波動の存在にかんして、明白なケースが確かに存在する。

2・3　もうひとつの文献がある。それは、A（上昇する）およびB（下降する）局面のことを述べているフランソワ・シミアンの著作にまで遡ることができる。これらの局面が経済史家によって利用されてきたかぎりでは、論争はさほど理論的なものではなかった。歴史現象（ことに価格データ）の観察に多くの注意がむけられ、循環の転換を理論的に説明するということはそれほど強調されなかった。したがって「リズム」の長さにかんしても、さほど議論されなかった。実際には、AおよびBの両局面とも、コンドラチェフ循環だけではなく、あるいっそう長期の循環に起因するものとしてあつかわれてきた。

2・3・1　この、より長期の循環リズムは、フランスの文献において「長期的トレンド」という名を与えられている。これは混乱である。というのは言及されているのは、正確にはトレンドではなく循環だからである。最近、キャメロンはこれを「ロジスティック曲線」[7]と呼んでいる。それは新しい用語ではあるが、少なくとも混乱をきたすことはない。かれは以下のようにロジスティック曲線の四つの時期を示している。

（1）九／一〇世紀から一五世紀中頃まで（ピークは一二世紀）

（2）一五世紀中頃から一八世紀中頃まで（ピークは一六世紀後半）
（3）一八世紀中頃から二〇世紀中頃まで
（4）一九四五―

2・3・2 「ロジスティック曲線」について記述するものは、最初のA―B循環は中世初期、したがって一六世紀、すなわち資本主義世界経済の幕開けのずっと前に始まっていた、と言うことがよくある。この点は注意されるべきである。だから、そうした文献の中で曖昧な問題の一つは、このきわめて長期にわたる循環リズムが発生するといわれている、その経済システムの種類にかかわる。

2・3・3 もう一つは空間的な境界にかんする問題である。資本主義世界経済の境界は時間をつうじて拡張してきているから、その比率を測定するために、われわれはあらかじめ境界――その中で尺度が特定の時点に対して採用される――とは何か、ということを決定しておかなければならないであろう。境界の位置を示す指標の一つは遠く離れた地点が実際に同時発生的な循環リズムを示す度合いであるから、われわれはいくぶん、有効性対検証という問題にとらわれることになる。

2・3・4 実際、より長期の「ロジスティック曲線」が存在する、ということを示す証拠とはどのようなものか。ここに多くの点で、コンドラチェフ波動の存在を示す証拠以上に当てにならないデータがある。それは主として、農産物価格のデータ（これは人口統計学上の情報や土地利用の情報に相関させられる）に依拠しており、「黄金」時代や「衰退」の時代という一般化された社会認識によって支えられている。ほとんどの（だがすべてではないが）経済史家は、一つは中世に発生し、もう一つは近代初期に発生した、少なくとも二つのA―B「ロジスティック曲線」が存在するという点で一致している。(8)

一七五〇年以後、A―Bロジスティック曲線が存在したかどうかは、それ程あきらかではない。けれども、ラブルースは一七二六／四一年―一七九八年―一八一七年にA局面が存在したと述べているし、マリ・ケルウェルは一七三五年―一八一五年―一八九五年と連続したA―B循環について述べている。そしてキャメロンも一八世紀中頃から一九四五年にかけてのA―B循環について、ピークを示さずにではあるが、語っている。(9) かれら全員がはっきりと「ロジスティック曲線」について語っているのである。

2・4　ほぼすべての分析が個々の国のデータを用いたり、その種のデータを集めたりしているから、次のような議論は事実上まったくおこなわれていない。コンドラチェフ波動あるいは「ロジスティック曲線」のいずれかのA・B局面で発生する現象が、世界経済の中のどの地域で発生したか――すなわち中核、半周辺それとも周辺で発生したか――におうじて、体系的な相違をみせるかどうか、という議論である(注目すべき例外は、ルイスの交易条件の議論である。そのなかでかれは、定義によって、いわゆる中核と周辺にあたえる逆の効果について述べている(10))。

2・5　ほぼすべての分析がA―Bパターンを想定しているが、コンドラチェフ波動も「ロジスティック曲線」も、どちらかといえばA―T―Bパターンをとることはありえないことなのだろうか。そこではT期(「移行」期)は、AおよびB期と異なって、生産と価格が一致した動きを示すのでなく、矛盾した動きを示す。T期の存在はコンドラチェフ波動にとってはそれほど重要なことではないかもしれない。だが、「ロジスティック曲線」の分析ではかなりの違いがあらわれるかもしれない。

3　説明

なぜ資本主義は四〇年から五〇年の周期で波のような形を描きながら発展していくのか。こうした問いにとり組む理論志向の分析者はほとんどいない。ましてや、それがなぜ一五〇年から三〇〇年の周期性（「ロジスティック曲線」）を示すのか、という問題にとり組むものがいないのは言うまでもないことであろう。「循環性」の説明は、直接的にも間接的にも、「恐慌」もしくは「成長」の説明によるものが一般的である。しかし考察されている「循環」は、ほとんどつねに、歴史的に短期的な活動の変動であって、しばしば「景気循環」と呼ばれるものである。ここでは、そうした循環がわれわれの関心外だ、と最初から言ってきた。

けれども、これらの短期「循環」を説明するものの大半がそうであるように、より長期にわたる循環の説明――これこそがわれわれの関心のまとなのだ――は蓄積過程の諸矛盾（上述の1・1・1）だけに焦点をあてる傾向にある。結果的に資本主義世界システムがもつ「成長」の他の四つの次元を無視してしまうことになる。マンデルは一見例外であるかに見える。土地と労働の持続的な領有（われわれの上述の1・1・3）そして「不均等」発展の進展（われわれの上述の1・1・5）。これがかれの議論の中心である。だが、かれは「政治過程」の重要性（上述のわれわれの1・1・5）を無視し、そうすることで資本主義的な社会生産諸関係を狭義に構成し、それに代わることのできる歴史的オールタナティヴ、ならびにその定義を提示できる理論的な可能性を捉えそこなっている。そのオールタナティヴが何から派生しようとも、蓄積過程の諸矛盾だけから派生するのではない。

3・1　コンドラチェフは、技術革新の導入、世界市場の拡大およびマネーサプライの増加を引き合いに出して循環運動を説明している。波の発生の基礎が社会全体の資本ストックの変化にあると見ている。そのような過程は、徐々にあるいは均一に発生するのではなく、どちらかといえば突発的に発生する。投資が集中的に発生するために必要なことは、多額の流動的な貸付資本が魅力的な利子率水準で存在することである。すなわち、通常、循環の底で広く行きわたる諸条件である。循環の谷から出発すると、農産物価格と工業製品価格の関係は後者に有利なものになる（その理由は、工業生産が農業生産よりも価格変化に弾力的だからというものである）。工業商品に有利な交易条件を採用すれば、都市部門の貯蓄は加速的となる。一般的な価格低下によっても、金の価格が上昇し、かくて金生産の上昇を引き起こし、その結果利子率が低下する。それが引き続いて循環の上昇トレンドをいっそう刺激することになる。

3・2 イノベーション、すなわち「資本主義社会の経済史おいて注目すべき事実」[11]がシュンペーターの景気循環分析の基礎を形成している。シュンペーターにとってイノベーションとは、特定の経済部門への新投資、新しいテクノロジー、新市場、および新企業——これらすべての結合を必要とする。企業が革新的な商品生産に参入していくと、これらの商品の価格は最小費用価格が販売価格に一致するまで低下していく。この一致点にいたると、利潤は消滅し、イノベーションへの刺激は枯渇してしまう。景気循環におけるそのような時期は、新規貸付を見つけ出すことができず、そして利子率や利潤率が低下するということによって特徴づけられる。総所得が総産出高ほどには変動せず、賃金とサラリーも総所得ほどには変動しない。そして賃金財への支出も賃金総額とサラリーほどには変動しないから、この点にいたって回復へと上向く。これらの条件が結果的に増大した生産に潜在的需要を提供し、それとともに意外の利潤をもたらす。すなわち新規のイノベーション循環を刺激する諸要因である。シュンペーターは、循環の長さの相違がイノベーションのあい継ぐ段階的出現や発展から生じる、と考えている。この図式のなかでは、コンドラチェフ循環が「経済進歩」の主要なリズムを表現している。シュンペーターはコンドラチェフ循環が一九八〇年代以前に遡って発見できると信じていたが、『景気循環論』二巻の中でかれがおこなっているコンドラチェフ循環の分析では、その日付以後の国民国家データの比較に基礎がおかれている。

3・3　マンデルによれば、長期波動はテクノロジー革命が発生する枠組みを提供する。かれは利潤率の変動が資本蓄積の長期的な過程を規制し、そしてその過程がグローバルなレベルでの拡張と収縮といった連続的な波を包含すると考えている。利潤率はそれ自身、資本の有機的構成、剰余価値率、資源価格および投下資本の回転時間の変化によって条件づけられる。A局面の特徴が利潤率の上昇にあると理解されている。その上昇が資本の持続的な価値増殖をつうじて資本蓄積および包括的な経済成長を駆り立てるのである。対照的に、B局面の特徴は利潤率の不断の低下、そしてその結果たる資本蓄積と経済成長の低下である。これとともに、以前には活動的であった資本が傾向的に価値減価へと向かう。

3・4　ロストウは（景気）循環と「トレンド」（長期循環）を動態的な均衡成長からの逸脱として説明している。均衡とは、所与の実質所得水準と完全雇用水準において、さまざまな部門で必要とされる生産物に適合するように、投資が適切な回路にむけられる条件である。資源配分は極大収益を確かなものにし、さまざまな部門の限界収益を均等化する。こうした成長パターンからの変則は、本質的に、投資過程の特徴から発生する。実質所得や潜在的なイノベーションの連続的な出現が一部門で変化すると、投資家は期待利潤という現行の指標にしたがって行動する。投資決定と、資本ストックへの追加である投資の実現のあいだのタイムラグが、最終的に同一部門への投資を過熱させ、当該部門に必要とされるものを超過してしまう。新しい部門への投資規模に気づいたり、コストが上昇したりすることが下方への転換を説明する。けれども、新たなブームは成長を持続させる次の諸力によって確保される。

a) 潜在的なイノベーションが連続的に続くこと。

b) 当初のブームは実質所得を増加させるが、そのブームのさいに着手された投資活動が完結すること。

c) コストの低下が一定の諸部門の期待収益を強め、上昇させること。

d) 消費水準の安定性の比率

e) スランプに影響をうけることのない諸力——たとえば、保健政策——によって労働力が上昇すること。

3・4・1　トレンドとは循環の特殊な変動である。それは、投資の懐妊期間がより長期にわたることによって循環から区別される。この長期にわたる懐妊期間によって投資は適正な水準や方向からの乖離を強められる。懐妊期間が長期にわたる部門への投資インセンティブを生み出すのは、戦争か、あるいは大規模な拡張のいずれかである。これが、ロストウが「世界経済」と呼ぶもの、より適切には「国際経済」（国民国家間の関係）と呼ぶものが登場する舞台である。最後に、この国際経済においては、循環とトレンドは資本主義発展の不可欠な特徴ではなく、たまたま成長が歴史的に西欧世界でとった特殊な形態であるにすぎない。この循環は一七〇〇年代から現在に至るまで続いており、トレンドは一七九〇年代から一九七六年まで続いた。

3・5　同じような説明が「ロジスティック曲線」に対しても主張されるだろうか。コンドラチェフ波動にかんする議論の中心は、生産、価格およびマネーサプライの周辺におかれる傾向にある。「ロジスティック曲線」をめぐる議論は、それにさらに人口統計学や土地利用を加える傾向にある。すなわち、中世後期や近代初頭の「ロジスティック曲線」――つまり「古典的な」それ――は、価格、貿易、人口および耕作可能な農耕地の同時的な拡張と収縮／停滞を示していると主張される。この追加的な諸要因は、コンドラチェフ波動にではなく、「ロジスティック曲線」だけに作用するのだろうか、あるいは、これは単に、分析者の異なった観察パターンの一ケースにすぎないのだろうか。

4　いくつかの仮説

4・1　発端。二人のまったく異質な学者――すなわちフェルナン・ブローデルとポール・スィージ――の両者とも、一九六七年に論文を公表し、その中で資本主義の発展にかんする多くの説明（おそらく大半）がもつ二つの根本的限界に注意を向けるよう呼びかけた。

4・1・1　多くの説明が分析を蓄積過程の抽象モデルに限定するのに対し、この二人の学者は資本主義が機能する社会諸構造が蓄積様式の広範な多様性を許容すると主張する。(12)

4・1・2　多くの説明が分析を資本主義のヨーロッパ的構成要素に集中するのに対し、この二人の学者は、資本主義は世界システムである、われわれの言葉でいえば「中核」ならびに「周辺」の両方をもったシステムである、と主張する。(13)

4・1・3　それゆえわれわれの仮説は「政治文化的」過程と「経済的」過程の相互関係を想定し、

つねにはっきりと世界経済のなかの中核と周辺のあいだに成立する垂直的分業を説明する。

4・2・1　資本の自己拡張は、資本の自己制約の原因となる諸矛盾を組み込んでいる。だから停滞局面は理論的に拡大局面のあとに発生しなければならない。諸矛盾は部分的には、生産決定について調整が存在しないこと（生産の「無政府性」）から生じる。そしてそうした諸矛盾が、繁栄の時代には社会的分配の相対的安定性とむすびつく（相対的に「固定された」世界的有効需要を創造する）が、社会的に限定づけられた過剰生産を引き起こす。

4・2・2　停滞は理論的に、拡張に先行しなければならない。停滞が資本の集中化（拡張の一要因）、階級闘争の機会を提供する。この闘争は所得の再分配をみちびき、そのことが引き続いて需要を増大させる（拡張の第二要因）。だがこの埋め合わせとして周辺地域に低賃金労働者という新しいグループが創造される（第三の要因）[14]。

4・3　資本主義世界経済の循環リズムの研究について四つの焦点を考えることができる。そのどれにおいても拡張期の自己制約メカニズムと収縮期の始動メカニズムを追及することができるかもしれない。

4・3・1　資本が自己自身をグローバルな規模で拡張させるための諸条件。その中の創造、成長および相互関係。これは「資本の本源的蓄積」が意味することである。本源的蓄積とは、資本主義への「本源的」移行を可能にした、かつてただ一度発生した単一の過程ではなく、循環の谷からの規則的な回復を可能にするような、そういった世界経済の繰り返し発生する過程であると認めれば[15]、これが世界経済の境界の拡張――内部にも外部にも――と同一の現象であることが理解できるであろう。

4・3・2　世界経済内の分業が効率的に機能すること。拡張期には相互依存が絶えず拡大していく一方で、それに対応して分業をつよめる方向にも常時圧力がかかる。停滞期には、分業の程度が後退し、以前に放棄されたいくつかの役割を、それを担っていた各地域がとり戻すであろう。

4・3・3　世界的な社会経済の動きを保証する政治機構が効率的に機能すること。この機能の中には、国家の内部の政治的対立において表現される階級闘争、および国家相互（中核国相互間）の対抗を政治的に表明することを相対的に抑制する、ということが含まれる。両方の抑制機能とも停滞の時期には消滅しがちである。

4・3・4　最後にわれわれは「諸矛盾」の成熟に焦点をあてる。停滞局面が拡張にとって必要であり、拡張局面が停滞にとって必要であるかぎり、拡張の諸次元が有限な制限をもつとする。とすると、資本主義的発展に必要な循環がその動きを止められることがあるであろう。あるいは少なくとも「減衰させられる」であろう。それゆえ理論的には、包括的で長期的な運動が根本的に逆転すると予測できる。全体的にみて、拡張局面が先行する停滞局面の落ち込みを埋め合せて、それ以上に回復することはない。そうでなければ資本主義的発展それ自体が停止していたであろう。そのような「有限な制限」が発展の諸循環に与えられたものとして捉えられ、発展的循環がそのような根本的な歯止め／逆転効果をもつものとして捉えられるような、そういった成長の次元もしくは特徴が存在するだろうか。

5　資本主義システムの境界の拡張にかかわる問題（4・3・1）が、政治的な、国家の相互関係の問題に密接に関連していることがわかる（4・3・3）。そしてそれは以下（7）で議論される。

6　世界経済の各地域の関係によって（4・3・2）、中核を高賃金地域、そして周辺を低賃金地域と定義する一つのアプローチが可能である。一組のコンドラチェフ循環が、それらの地域に異なった影響をあたえながら発生することにより、われわれがA^1—B^1—A^2—B^2パターンを指摘できる可能性が示唆される。

6・1　そのような組合せの論理は次のように説明される。循環パターンは相対的な収益性によってコントロールされるが、その収益性が結果として比較的高賃金な商品（HW）と比較的低賃金な商品（LW）に対する相対的な需要（D）と供給（S）になる、と。

6・1・1　$D_{LW}=(f)\ D_{HW}$と想定しよう。そしてそれはひき続いて世界的有効需要つまり世界的な所得分配の結果である。

6・1・2　A^1局面の始まりでは、次のように想定しよう。

$D_{HW}>S_{HW}$　および

$D_{LW}\ [=(f)\ D_{HW}]>S_{LW}$

A^1の局面では、HWの生産もLWの生産も増加するであろう。このことが原材料不足として認められれば、原材料の交易条件が上昇し、世界経済の新しい地域への拡張（「剰余の捌け口」）が起こるであろう。したがってLW財はHW財以上に急速に拡大するかもしれない（記号で示すと、LW,＋2;HW,＋1）。

6・1・3　D_{LW}がS_{LW}より小さくなることにより、交易条件の上昇はストップするであろう。もし同時に、$D_{HW}=S_{HW}$ならば、投資もストップするであろう。われわれは（B^1局面の）Tに達する。すな

図1

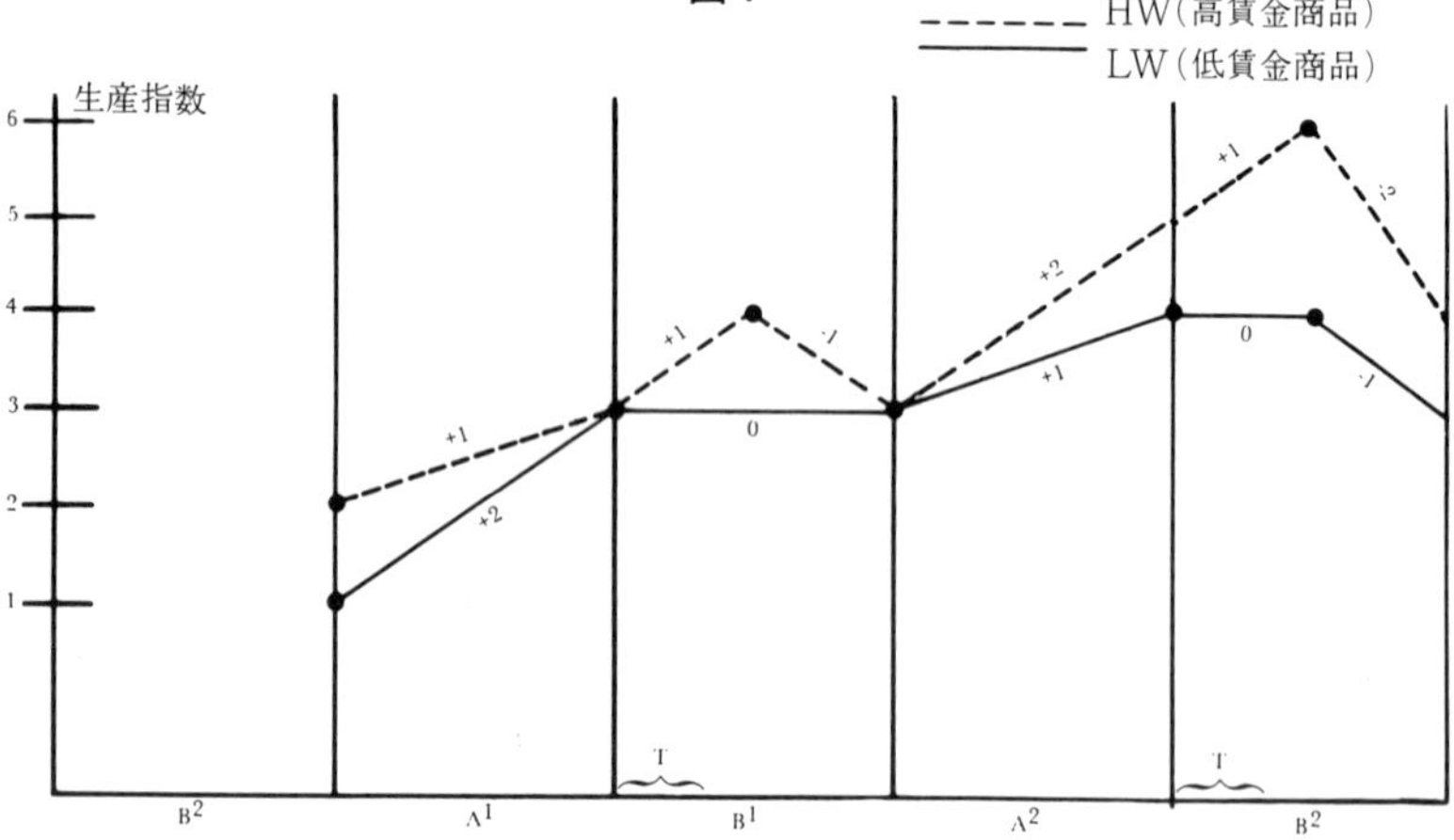

わちHWの停滞に先行するLWの停滞である。

6・1・4　B^1の局面では、慎重な事業展開のために失業が増加する。稼働率の引き下げ、特にHW財を生産する産業で稼働率が引き下げられることにより、SとDのあいだのギャップが小さくなっていく。収縮期の困難な時期が階級闘争を引き起こし、世界的な所得の再分配を生み出し、最終的に、Dを増加させる。

6・1・5　拡張の諸条件が回復する（A^2局面）。世界的な所得の再分配によって急激にD_{HW}が上昇する。しかもD_{HW}の高い所得弾力性ゆえにD_{LW}よりも速く上昇する。HW財の交易条件が好転する（記号で表現すれば、HW,＋3;LW,＋1）。

6・1・6　S_{HW}はS_{LW}よりも急速に上昇する。したがってある点では、$D_{HW} < S_{HW}$、だが$D_{LW} > S_{LW}$である。これが（B^2局面の）Tである。そこでは賃金引き下げ圧力の上昇はもちろんのこと、利潤を維持するために生産も増加する。

6・1・7　B^2局面で「クラッシュ」が発生する。

HWの生産がLWの生産よりも大幅に落ち込む。ふたたびA^1の始まりにもどる。

6・1・8〔→図1〕

6・1・9　このときA^1局面はS_{LW}不足の時期と定義され、他方B^2局面はD_{HW}不足の時期と定義される、ということもできよう。

6・2　こうしたことが、どのような現実の世界状況に対しても妥当するのであろうか。おそらくそれが妥当するのは、以下の組合わせに対してであろう。

A^1　一八九七―一九一三／二〇

B^1　一九二〇―一九四五（T＝一九二〇―二九）

A^2　一九四五―一九六七

B^2　一九六七―（T＝一九六七―）

6・3　B^1とB^2の局面では、HW財の生産が中核領域から半周辺領域へとシフトする傾向にある。なぜならば、世界的需要Dが低水準の時期には、比較的低い賃金が魅力をもつからである。逆に、この同じ時期に、HW財への投資が減退するために、LWが周辺から半周辺、さらに中核へとシフトするかもしれない。だから、B期は世界的な分業化の衰退期であり、A期は分業化の昂進期であろう。

6・4　どうして歴史の経過とともに循環が短くなるようにみえるのか。その一つの説明は世界の資本移動がますます高まってきた点に求められるかもしれない。

7　国家間の関係（4・3・3）の焦点は、中核に位置する大国の周辺、および周辺地域をコントロールできる大国の能力におかれる。中核に多くの国家が位置すると想定すれば、「対抗」関係を通常の状態として想定できる。その例外的な時期には、中核に位置する一つの大国が、生産、貿易および金融活動の効率性、そして軍事力において他の国を凌駕することになる。この後者が「ヘゲモニー」と呼ばれる。

7・1　ヘゲモニーを握った大国がかならず「衰退する」のならば——というのは、効率的な技術の優越性はもともと模倣によって消滅しやすく、また一方、技術的に進んだ生産はその特有の理由によって賃金水準の実質的上昇をうけいれやすいからである（効率的な生産を維持するために政治経済的譲歩をつうじて）——、対抗関係にある諸国のなかに潜在的な継承者が存在するのが常である。

7・2　そういった場合には世界経済において、ヘゲモニーへの躍進期、ヘゲモニー期、ヘゲモニーの衰退期が存在する。

7・2・1　われわれは次のように相対的な競争力によって、そうした関係を想定する。〔→図2〕

7・2・2　この場合には、国家相互の関係が形成するシステム上の特徴に、コンドラチェフ波動の組合わせを相関させることができる。

A^1　ヘゲモニーへの躍進——継承者を争う対抗国間の熾烈な対立。

B^1　ヘゲモニーの獲得——「新」大国が衰退しつつある「旧」大国を凌駕する。

A^2　ヘゲモニーの成熟——真のヘゲモニー。

B^2　ヘゲモニーの衰退——旧大国対継承国の熾烈な対立。

7・2・3　A^2の局面は、中核に位置する一つの大国がヘゲモニーを形式的に確立する時期である。

図2　中核内の対抗

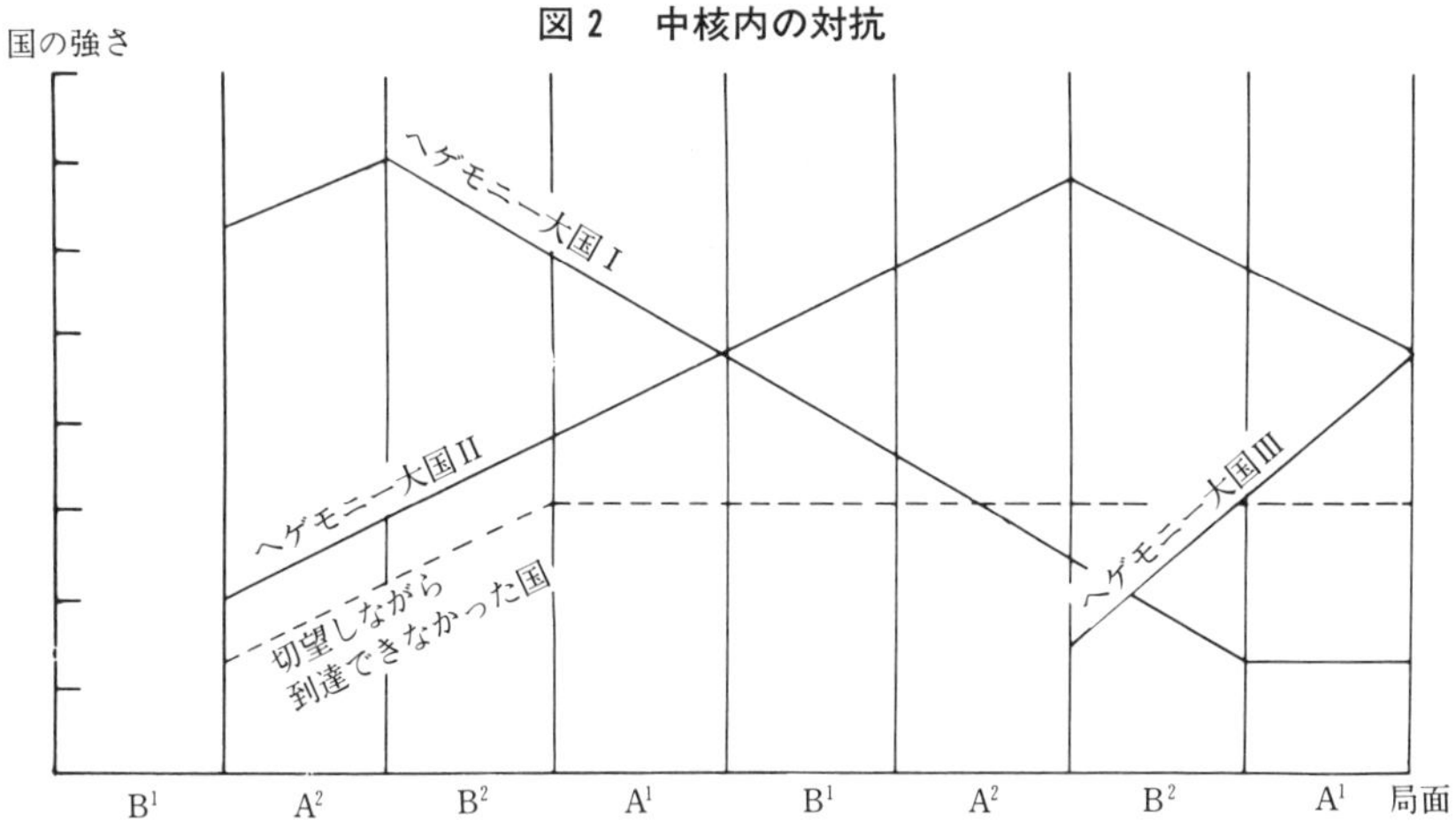

ヘゲモニーを握った大国は他の大国に対して、生産、貿易および金融の分野において競争戦を優位に展開する。それ自身にとっては、A^2の局面は「自由貿易」の時代である。なぜならば、ヘゲモニーを握った大国がシステムの全般的な「開放」を押しつけるからである。それもまた、前に議論されたHW生産の激しいスパートを説明する。システムはそのような時期には、リカーディアン・モデルの一時的な効果を享受しているということができる。

7・2・4　B^2局面は、中核に位置し対抗しあう大国が潜在的な周辺地域を「先んじて占有」しようと行動するから、植民地の時代といえる（その過程のこの部分は4・3・1で論じた）。

7・3　（以下の）**表1**で、時期区分を提示している。そこで理解されるように、ヘゲモニー国／対抗国の時期区分がヨーロッパにおけるコンドラチェフ波動の時期区分と十分一致すると主張することは、時代を遡るにつれて、いっそう難しくなっている。とくに時代ⅡとⅢの間には、第二の「組合わせ」（II$_a$）がある。それはヘゲモニーを求めて、イギリスとフランスのあいだで長く競われた抗争の時期に照応している。

7・4 「コンドラチェフ波動の組合せ」と「ロジスティック曲線」の関係には、何らかの関係があるとしてだが、どのような関係があるのだろうか。ほとんど何の関係もないようにみえる。それが問題なのだ。一六世紀の長期にわたるA時代はだいたいにおいて表1の時代Iに対応している。一七世紀の長期にわたるB時代は、時代IIと時代II$_a$の一部をあわせた時期に対応しているように思われる。それから後ははっきりしないが、時代II$_a$（A^4、B^4）と時代III（A^2）をあわせたものを「ロジスティック曲線」のA時代と、そして時代IIIの残りをB時代と見ることもできないでもない。

8 諸矛盾の成熟化（4・3・4）が長期的トレンドの動きに見られる。トレンドは資本主義世界システムの歴史をつうじた単調傾向と定義される。だが、二種類の単調傾向が存在する。一つは絶対数における単調傾向である。たとえば、単位、数量もしくは価値額の総生産、世界の総人口等。もう一つは相対比における単調傾向である。たとえば、成長が漸近線へと向う運動を含む、といったような相対比のそれである。

8・1 少なくとも三つのそのような現象が存在するが、それらは一般的に長期にわたって上昇すると考えられている。

8・1・1 資本主義世界経済が形成する分業に世界がどの程度包摂されるか。その比率。

8・1・2 所得を主として、あるいはすべて労働サービスの対価としての貨幣所得からえる家計の

表１　コンドラチェフ波動の組合せとヘゲモニー／対抗

	Ⅰ：背骨にあたる部分（ハプスブルグ家）	Ⅱ：オランダ（連合州）	Ⅲ：イギリス	Ⅳ：アメリカ
A¹（ヘゲモニーへの躍進）（LWの不足）	1450－	1575－1590	1798－1815	1897－1913/20
B¹（ヘゲモニー獲得）（均衡）		1590－1620	1815－1850	1913/20－1945
A²（ヘゲモニー成熟）（HW生産の相対的増加）	－1559	1620－1650	1850－1873	1945－1967
B²（ヘゲモニーからの転落）（HW市場の不足）	1559－1575	1650－1672	1873－1897	1967－？

II_a：
A³ 1672－1700
B³ 1700－1733/50
A⁴ 1733/50－1770
B⁴ 1770－1798

人々がどの程度資本主義世界経済の労働力を構成しているか。その比率。

8・1・3　機械の形態にある総資本の比率。

8・2　われわれはこの三つの傾向をつぎのように呼ぶことができる。

8・2・1　拡張（「外的」ならびに「内的」な拡張、もしくは土地の商品化）。

8・2・2　プロレタリアート化。

8・2・3　機械化。

8・3　これら三つの過程が実際に単調であるとデータをつうじて示すことができると仮定すると、われわれは二つの異なった知的な問題を提示できる。けれどもそれは、まったく異なった問題というわけではない。

8・3・1　右の三つの比率が絶えず上昇しつづけた場合、それが世界システム全体の動きにどのような影響をあたえるか。われわれは、こうした問題を提示できる。その比率の上昇は上限を画されているから、これは「漸近線」の問題である。たとえば三つの過程それ自体が、B局面の問題、およびコンドラチェフ波動と「ロジスティック曲線」両方の「問題を解いた」結果であるとすれば、漸近線に近づくにつれて将来のB局面の問題を解くことは不可能となり、システムを転換させなければ解決できない、そういったシステム全体の根本的な危機が発生するであろう。

8・3・2　けれども、世界システム全体がこの「臨界点」に達する（前述の三つの比率が六〇%、八〇%、九〇%に達したときか）前に、われわれはもう一つの別の分析問題に直面する。それら三つの過程は別個に上昇しながらも単調に推移するから、それぞれの過程の上昇がコンドラチェフ波動と「ロジスティック曲線」の動きにあたえる効果はどのようなものか。世界システムの歴史の中に、三つの過程の特殊な上昇によって測定されるような「諸段階」が存在するか。明らかに、多くの人々がそのように考えている。

「産業革命」にもとづいた説明のすべてにおいて次のように主張されている。およそ一七五〇—一八五〇年頃に機械化の比率が上昇したことにより、世界経済の機能が際立って変化させられた、と。だが、変化は量的であると同様に質的でもあったのだろうか。たとえばコンドラチェフ波動は産業革命後になってようやく発生したのか。証拠は反対のことを示しているように思われる。(16)コンドラチェフ波動は少なくともその長さにおいてますます短くなっているのか。おそらくそうであろう。それからコンドラチェフ波動はその曲線の変化においてもますます小さくなってきているのか。それとも大きくなってきているのか。その「証拠」は矛盾を呈しているように見える。「ロジスティック曲線」は一七五〇年以後

消えてしまったのだろうか。それは明らかではない。　（遠山弘徳訳）

＊　「世界経済の危機――過去と現在」にかんするセミナー Starnberg（F. R. Germany）, August 7-9, 1978 のために準備された論文。

＊＊　テレンス・K・ホプキンスとイマニュエル・ウォーラースティンが調整役。このグループには一九七七―七八年の参加者として次の人たちが加わった。Robert Bach, Kenneth Barr, Eric M. Berg, Nicole Bousquet, Hale Decdeli, Reşat Kasaba, William Martin, Marta Petrusewicz, Robert Russell.

註

（1）成長が機能する様式にかんする一つのスケッチは"Patterns of Development of the World-System", *Review*,1,2,Fall 1977,Ⅲ-45. にみることができる。

（2）しかし、ピェール・ショニュは一九六七年に、一六世紀および一七世紀初頭のセヴィリアの大西洋貿易について次のように記している。「われわれの手にある価格系列、とくにアンダルシアおよびスペインの価格系列に相関する運輸データ（船舶数、運送量、運送額）の長期系列は、四つの変動を示している。すなわち長期的トレンド（シミアンのA・B局面）、半コンドラチェフ波動（一五―三〇年／四〇年）、いわゆるジュグラー循環（九―十一年）、キチン波（三―四年）である。唯一でないにしても、われわれが最初にスペインのような古い経済の中にそれらの波を認識した。それは単にわれわれの統計資料が他の者が用いたものよりずっと感応的だったからにすぎない。」

（3）Joseph A.Schumpeter,*Business Cycles*,2 Vol.（New York MacGraw-Hill, 1939）, *passim*〔吉田昇三監修、金融経済研究所訳『景気循環論』有斐閣〕をみよ。

（4）N.D.Kondratieff,"The Long Waves of Economic Life", *Review*,II.4,Spring 1979, 519-62. をみよ。ドイツ語版は一九二六年に初めて出版された。

（5） Schumpeter,*op.cit;*Ernest Mandel,*Der Spatkapitalismus*（Frankfurt:Suhrkamp Verlag,1972）. English translation:*Late Capitalism*（London:New Left Books,1975）〔飯田裕康・的場昭弘訳『後期資本主義』柘植書房〕;W.W.Rostow,*The World Economy:History and Prospect*（Austin:Univ.of Texas Press, 1978).だが、第二次世界大戦後の長期波動のロストウによる日付はマンデルのそれと根本的に異なっていることに注意せよ。Immanuel Wallerstein,"Kondratieff Up or Kondratieff Down?",〔本書所収・岡久啓一訳「コンドラチェフ波動は上昇しているのか下降しているのか」〕*Review,* II,4,Spring 1979,663-73 中の議論をみよ。

（6） たとえばフェルナン・ブローデルはイタリアにおける（コンドラチェフ?）長期波動の次のような日付をあげている。

A	B
1460—83	1483—1509
1509—29	1529—39
1539—59	1559—75
1575—95	1595—1621
1621—50	

"L'Italia fuori di Italia : Due secoli e tre Italie" in R. Romano and C. Vivanti, coord., *Storia d'Italia,* II, Pt.2（Torino : Einaudi, 1974), 2124.

（7） Rondo Cameron, "The Logistics of European Economic Growth : A Note on Historical Periodization," *Journal of European Economic History,* II, 1, Spr. 1973, 145 - 48.

（8） 近代初頭のA―Bパターンの証拠は次の文献に集められている。Fernand Braudel & Frank Spooner, "Prices in Europe from 1450 to 1750" in *Cambridge Economic History of Europe,* IV: E. E Rich & C. H. Wilson, *The Economy of Expanding Europe in the Sixteenth and Seventeenth Centuries*（Cambridge: University Press, 1967), 374 - 486.

（9） Ernest Labrousse,"Aspects d'un bilan méthodologique et critique de l'histoire conjoncturelle（XVIe-XVIIIe siècles)," in *Metodología de la historia moderna: Economía y demografía,* Actas de las

I Jornadas de Metodología Aplicada de las Ciencias Históricas, Univ. de Santiago de Compostela, 1975, 587,-93; Marie Kerhuel,"Les mouvements de longue durée des prix," Univ. de Rennes, 1935, cited in G. Imbert, *Des mouvements de longue durée Kondratieff* (Aix-en-Provence: La Pensée Universitair-e, 1959),20, fn. 44; Cameron, *op. cit.*

(10) W. A. Lewis,"World Production, Prices and Trade," *Manchester School of Economic and Social Studies,* XX, 2, May 1952, 105-38.

(11) Schumpeter, *op. cit.,* I, 86.

(12) Fernand Braudel & Frank Spooner, *op. cit.,* 450-51; Paul M. Sweezy,"Notes on the Centennial of *Das Kapital," Monthly Review,* Dec. 1967, reprinted in Sweezy, *Modern Capitalism and Other Essays* (New York: Monthly Review Press, 1972), 179-83. をみよ。

(13) Braudel & Spooner, *ibid.,* 452; Sweezy, *ibid.,* 171-79. をみよ。

(14) Eric Hobsbawm,"The Crisis of Capitalism in Historical Perspective," *Socialist Revolution,* VI, 6 (No. 30), Oct.-Dec. 1976, 77-96. をみよ。

(15) André Gunder Frank." On So-Called Primitive Accumulation," *Dialectical Anthropology,* II, 2, May 1977, 87-106. をみよ。

(16) だが反対の見解について Pierre Vilar,"Misère et révolution du XVIIIe au XXe siècle: réflexions sur le modèle labroussien," *Europa,* I, 2, Spr. 1978, 149-71. をみよ。

書評論文

コンドラチェフ波動は上昇しているのか下降しているのか

イマニュエル・ウォーラーステイン

経済現象の長期波動という概念は、この波動を描写し、何故それが存在するのか、どのように作動するのかを説明しようとする文献を大量に生みだしてきた。この文献の出版自体が循環的であることはしばしば観察されてきたとおりである。社会的に「好況期」だとされてきた時代には、それと相関して恒常的進歩の仮説がはなやかだったように思われる。それに対し、社会的に「不況期」、あるいは「混乱期」とされてきた時代にはさまざまな景気循環論が再び促進されたように思われるが、それはつまるところ、「不況期」が一時的なものに過ぎないと安心させるものだったようだ。

一九七〇年代が第二次世界大戦以後最も経済的「関心」や「予言」の広がった時期であり、しかも世界的にそうであったということはほとんど疑いの余地がないように思われる。そして、それとともに経済生活の「長期波動」、いわゆるコンドラチェフ循環への関心が復活した。とくに近年、ウォルト・W・ロストウとエルネスト・マンデルという信条の非常に異なる二人の経済学者がこのテーマに関して広く著述をおこなっている。ロストウは二冊の本を出版したばかりである。一冊は図表を満載した大部の学術書であり『世界経済——歴史と展望』[1]と題されている。もう一冊は同じテーマを政策志向で書き直した一般向けの小冊子で、題名は『現在から未来へ——世界経済におけるアメリカの将来』[2]である。一方、エルネスト・マンデルは一九七二年初版の『後期資本主義』[3]の中で、すでに第四章を「資本主義の歴史における『長期波動』」へ当てていた。そしてつい最近になって、かれは『景気停滞』[4]という題でそっくり現在の景気後退に向けた本を一冊書いている。

ロストウとマンデルは二人とも、コンドラチェフ循環が実在する現象であり、世界経済の趨勢の歴史分析であれば必ず考慮しなければならないものだと考えている。そして、二人とも多かれ少なかれ十八世紀末の数十年から第一次世界大戦までの時期について、コンドラチェフによる循環のA／Bの古典的な時期区分を認めている。しかしながら二人とも、それ以前の時期については実際には議論していない。[5]しかも、後に見るように第一次世界大戦以後の時期区分については意見が分かれているのである。

もっと根本的に、かれらはコンドラチェフ長期波動のA期とB期を分けるものについて意見が一致していない。ロストウにとってA期は「相対的に、食糧、原材料、エネルギーの安い時期」[6]であり、これから一次産品の過不足を反映したものである。[7]AからBへのシフトは一次産品と工業製品の間の交易条件のシフトなのである。これに対し、マンデルにとって循環は継起する「蓄積の加速化」（A期）と「蓄積の緩慢化」（B期）からなっている。[8]従って、アナリストが測定しなければならないのは「総体としての工業生産であり、世界貿易（もしくは一人当たりの世界貿易）額の変動……」[9]である。局面交替の過程においての「決定的な連接環」は「利潤率」[10]ということになる。

こうしたかなり根本的なアプローチの違いは、いうまでもなく、世界観 Weltanschauungen が全く異なることに発している。そうだとすれば、この著者達が二つのかなり重要な論点に関してある程度意見が一致しているということを強調しておくことが重要になるだろう。第一に、かれらは二人とも、産業のいわゆる主導部門が過去二世紀にわたって規則的に位置をシフトさせたという広く行きわたっている紋切型の記述を受け入れているのである。ロストウは大発明の四つのラウンドについて語る。それは、織機類、製鉄へのコークス利用、蒸気機関のラウンド、鉄道のラウンド、鋼鉄のラウンド、内燃機関、新しい部類の化学製品、電気学それから電子工学のラウンド、である。[11]マンデルも同じように四つのラウンドをみている。手工業製もしくはマニュファクチャー製の蒸気機関のラウンド、機械製蒸気機関のラ

ウンド、電気機器と内燃機器のラウンド、電子装置のラウンド、がそれである。(12)

ロストウとマンデルが（それぞれ常用する語彙が違うことを斟酌すれば）、基本的に似たような用語で現代テクノロジーの歴史を描いているということは恐らくそれほど意外なことではないかもしれない。しかしもっと驚くのは、かれらが資本主義体制では均衡状態に達することが不可能な理由について実際には意見が違わないということに注意するときである。

マンデルの説明はマルクス主義者に予想されるものである。

「一五〇年の経験を積んでいるにもかかわらず、なぜ資本家達は互いの予測間違いを『補整』しないで、むしろみんな一緒に行動するのかと不思議に思うだろう。すべての企業が好況期に、（過度に）投資を増やすのはどうしてだろう。そのことによって過剰設備や生産過剰へと突き落とされることになるというのに。また、好況期になるとかれらはみな投資を減らすが、それは景気停滞と利潤低下を加速化することになるのになぜそうするのか。なにか非合理的な『群居本能』がかれらをこのように行動させるとでもいうのだろうか。

答えは簡単である。システム全体の視点からすれば合理的なことも、単独に取りだされた個別の大企業の視点からは合理的ではないし、逆もまた同じなのである。市場が強度の拡大局面にあるとき、すべての企業はより大きなパイのより大きな分け前を自分に切り分けようと企てるにちがいない。その結果として、かれらは『過剰投資』と過剰設備へと落ち込むのである。不況のときには、各個別企業にとって生産設備を増やすことは馬鹿げている。反対に、損失や（金価格での）価格の下落を小さくしなければならず、その結果、生産が縮小されるにちがいない。そしてこれが次にはマクロ経済レベルで累積的

『過少投資』へと導くのである。(13)」

これは、資本主義体制の矛盾の古典的な分析を言い換えたものである。ところで、反マルクス主義者であるロストウの見解はこれとそんなに違ったものだろうか。

「しかし、趨勢と循環のいずれの場合でも、(14)時間的ずれや投資の最適な部門別経路からの乖離といった事情により、このような成長パターンの不規則性が発生するのである……。これらの乖離は三つの要因から生じる。まず、投資決定は合理的な長期評価ではなく、むしろ現行の収益性指標によって決定される傾向がある。さらに、これらの指標によって多くの投資家は同じ方向に行動しがちであるが、そのさい、現行の利潤予想に誘発される特定部門の総投資量が考慮されることはない。しかも、投資過程のこれらの技術的性格の他に、特定部門で得られる利潤についての楽観と悲観の波が資本市場および利潤を工場設備拡張に再投資する（あるいはしない）産業に押し寄せるため、心理的に先導者追従の風潮が生まれる。その結果、趨勢期間と景気循環の両方において、設備が現在の必要を超えたり不足したりする局面が生じるのである。(15)」

A局面とB局面の交替における「決定的な連接環」が利潤率であり、あるいは少なくとも（ロストウにとって）主観的に認知される利潤率（それは冷静な会社役員にすれば客観的利潤率とそれほど異なるはずがない）であるということでは、ロストウは事実上マンデルと同じ意見である。

それゆえ、現在の景気後退（ロストウはそれを一九七二年以降と時期区分し、マンデルは時によって一九六七年以降としたり一九七四年以降としたりする）がこの二人によって正反対にみられているのを知れば多少とも驚いてしまう。ロストウによればわれわれはA局面、つまり「五番目のコンドラチェフ上昇」のなかにいるのであり、マンデルによればB局面のなかにいるのである。これがマルクス主義者対反マルクス主義者の論争だと思われないように次のことに注意しておこう。レオン・H・デュプリエというあきらかにマルクス主義者ではない一人の優れた長期波動のアナリストが「一九七四年は長期波動の下降転換点か」[16]という題の論文を発表したばかりだが、かれはその論文で現在の景気後退がB局面であるとしてマンデルと同じ立場をとっているのである。

ロストウは、世界（あるいは少なくとも「石油輸出国を除いたすべての国」）が景気後退にあることには同意している。しかしかれは、（生産と貿易における）この景気後退は「インフレの広まり」と「交易条件の根本的変化」[17]によって規定されているからA局面内で生じていると主張するのである。だからこそわれわれは「近代経済史上に例のない不況とインフレの輻合」[18]を経験しているという。実際、思い起こせば、ロストウにとってコンドラチェフ波動は一九二〇年以来ずっといくらかゆがんでいるものと考えられていた。かれのみるところでは、一九二〇年からわずか一九三六年までの——それ「自体の病理」[19]を持つ——B局面、一九三六年—一九五一年のA局面、一九五一年—一九七二年までのB局面があり、そしてそれ以降われわれは新しいA局面に入っているのである。誰もが、一九五〇年代やさらには一九六〇年代を世界経済史において最も目立った経済成長期として語ってきたし、ロストウさえもそれを「ケインズ型成長偏重主義の時代」[20]と名付けていた。それゆえ、ロストウがこれらの奇妙な結論を考え出すことができたのは、ひとえに、A局面かB局面かを決定する基準として交易条件を無理矢理使うことによってなのである。

しかし、なおいっそう複雑なからくりがある。ロストウは下降趨勢を一九三六年で終わらせて次の下降趨勢を一九五一年に始めている。マンデル、デュプリエその他の人達は一九三九年に下降趨勢を終わらせ、上昇趨勢を一九四〇年、一九四五年、一九四五年―一九四八年に始めている。他の人達にとって転換点である第二次世界大戦がロストウにとってはまるまる一局面になるのである。これはどういうことなのか。かれはこれによって一九三八―一九五一年が「食糧および原材料価格の一九三八年から一九五一年へかけての相対的に有利なシフト[21]」を意味していると主張できるのである。なるほどそれは起こりはした。しかし、かれの表III―53と表III―54はそのシフトがそれほど大きくはなかったことを示している。むしろこのシフトは、戦時に原材料輸送が困難だったことによる一時的な結果だった。実際、全ての文献が立証しているように、一九二〇年から一九七三年にかけてA局面B局面にかかわらず一次産品の交易条件が間断なく低下していたのである。

　それなのに、マンデルは第二次世界大戦後の時期が特別だったということに同意している。例えばかれは、「産業循環から部分的に独立しこれを『補償』しようとする信用循環の出現[22]」という新しい現象を示しながら、戦後の長期にわたる拡大局面について語っている。そしてかれは現在の景気後退について、その影響は、「景気後退の初期にインフレが過剰人口の効果によって再吸収されなかったばかりでなく、多くの国では加速されもしたという事実によってあきらかにいっそう深刻化した[23]」と注意書きしているのである。つまり、古典的な景気後退と違って、失業が増大しても物価は下降せず、いっそう急激に上昇さえしたということである。

　マンデルはこの変則を説明している。かれはそれを「巨大独占企業による価格統制」の結果とみているのである。この独占企業は、「販売不振に起因する単位当たり固定費用の増大を埋め合わせ」ようと努め、「この陰謀を……政府、中央銀行、そして銀行システム全体と共謀して実行する」[24]ことができるという。一言でいえば、スタグフレーションはマンデルにとって、もはや「自由競争的資本主義」時代ではなく、むしろ「後期」資本主義もしくは「独占的」資本主義の時代にいることの結果なのである。戦後の時期に「西欧経済は債務の海を繁栄に向けて船出した」[25]のであり、景気後退と格闘したケインズ型の金融的誘い水政策はこれをいっそうあおっただけだった[26]。

要するに、ロストウもマンデルも、現在の状況を、生産と貿易における不況と打ち続くインフレが結合したものだと評している。そして二人ともこれが異常なことであり、不況は、「正常状態では」物価デフレに伴うものだと考えている[27]。しかしロストウは価格を一般的基準にとって、われわれがA局面にいると断言し、一方でマンデルは生産高を基準にとって、われわれがB局面にいるのだと言うのである。

だが、「正常状態では」不況とインフレが同時におこらないというのは本当だろうか。それはそんなに明らかなことではない。第一に、現在の局面がまだ終わっておらず、一九八〇年代に物価インフレが弱まらないかどうかまだしばらくは見届けなければならない。第二に、この了解は、分析を主に一九世紀のコンドラチェフ波動に限定する結果である。ときとして「ロジスティク波動」と呼ばれるもっと長い波動がある。それは本来は価格波動であり一五〇年から三〇〇年続くのだが、この波動からみれば一九世紀（一八一五年以後）は一つの長いデフレ的なB局面だった。これによれば、ロジスティク波動のB局面内においてコンドラチェフ波動のB局面が不況と急激なデフレの高い相関を示したということになろう。しかし、ロジスティク波動のA局面内（大雑把には一六、一八、二〇世紀）では、コンドラチェフ波動のB局面は当然逆の現象を示すだろう。

ロストウもマンデルもこのような仮説を探ってみてさえいない。その理由の一端は、かれらが共有している内在論にある。二人とも、現在から紀元二〇〇〇年までを新時代への決定的転換点をしるすものと考えているらしい。ロストウは楽観主義にどっぷりとひたされている。「離陸の遅かった国々は離陸がより早かった諸国に少なくとも追い付く潜在力を備えている[28]」。かれはこれを「ギャップが狭まる過程」と呼び、その証拠を二つの表に見い出せるという。しかし、表の一つは単にギャップの狭まりという観念を投影しているだけだし、もう一つの表(V―83)はまさに反対のことを示している。一九六〇年から一九七〇年までの年成長率は高所得国で三・五%、中所得国で五・四%だが、低所得国ではわずかに二%だった。この種のデータは少しもロストウに同調するものではない。かれは、低所得国の範疇に「天然資源がまずまずの相当数の離陸前の国々も含まれていた[29]」という事実からその二・〇%を説明している。しかしながら、もし人類のこの部分を無視して中位グループに専念すれば、「二一世紀のさまざまな時期に、これらの国々が大衆的豊かさの何らかの兆候を示すようになると考えるのはまったくの絵空事というわけではない[30]」。

そのために世界はどうしたらいいのか。まず第一に、破滅の予言者達(「成長の限界」グループのことである)を無視しなければならない、というのは、ロストウが正しくわれわれに気付かせたように、そのような予言は交易条件が一次産品に有利に傾いたもっと前の時期に相関した現象だったからである[31]。かれによれば、世界が求めているのは理性的な意思、特に合衆国政府における理性的な意思であり、それがあれば食糧、エネルギー、原材料、汚染の危機を克服する可能性は「かなり有望」という。あるいは同じ主旨の言葉であらわされている[32]。ロストウの処方箋は全くストレートなものである。まず第一に、中心部（OECD諸国）の成長率に気を配ること。第二に、OPECへの依存を少なくするため、中心部におけるエネルギー生産を拡大すること。第三に、中心部から周辺部への投資を拡大すること。第四に、「ニュー・イングランドがその繊維工業の大部分をアメリカ南部に引き渡したように[33]」、低生産性工業部門を周辺部へ移すこと。要するに、サンベルト地帯のエネルギーに対する価格統制をはずし[34]、中位諸国と協定を結ぶこと。そうすれば、われわれは、「工業文明を全体として守るという共通課題」に基づく「真の南北間のパートナーシップを、結局のところ[35]」手にするだろう。ロストウがかれの本をウォルト・ホイットマンからの引用で結んでいるのは驚くに当たらない。

マンデルは異なったヴィジョンをもっているが劣らず楽天的である。かれによれば、われわれは現在、「資本主義世界におけるアメリカ帝国主義の相対的ヘゲモニー……[36]」の没落のまっただなかに生きている。深刻な「帝国主義諸国間の競争」は、実際、実効ある反インフレ政策への主要な制約である[37]。加えて、それは、「プロレタリアートの例外的に高い組織化、人数、戦闘性が、ブルジョア体制のこれまでになく著しい政治的脆弱性と結び付いた[38]」時期でもある。あらゆる危機は、「資本主義的競争（あるいは独占企業の行動）にもかかわらず、価値法則が貫徹するメカニズムを形成する[39]」という同じ客観的機能を共有している。現在の危機も例外ではない。しかし、帝国主義諸国において「労働者闘争の一定の上昇的循環」があれば、そのときこそ、「全ブルジョワ的社会関係の危機、とくに資本主義的生産関係の危機[40]」が存在するだろう。白状しなければならないが、私は最後の章で次のことを見つけていささか失望した。マンデルにしたがえば、世界の社会主義への移行を促進する重要な直接的手段が、ヨーロッパにおける週三五—三六時間労働を求めた労働者闘争ということになるのである[41]。

マンデルの分析の方がロストウの分析よりも説得的で、もっともらしく、しかも確かにいっそうロあたりがいいということはほとんど疑いの余地がない(42)。かれは世界経済をロストウよりも思慮深く調べている。世界経済が、ロストウにとって常にそうであるような経済的に有力な国々の単なる総計にすぎないものとされることは少ない(43)。しかしマンデルは現在へ没頭するあまり、(ロストウがそうであるように)古いものよりも新しいものに、同一に留まるものよりも変化してきたものに関心を集中することを余儀なくされている。

しかし、逆説的なことに、われわれが現在について理性的な政策を常に作りだせる唯一の方法、そして世界を変化させる方法を見つけ出せる唯一の方法は、これまでも変化せず今なお変化しないものをしっかりと捉えることなのである。活動家にこの真理を納得させることは難しい——そして、ロストウもマンデルも活動家である。しかも、社会運動組織を説得するのはもっと困難である。しかし、もしも闘争が「長引く闘争」ならば、それには深い社会的原因があるにちがいない。そして、もしわれわれが長引く闘争に勝利しようと思うなら、われわれはこの原因を明らかにしなければならない。さし迫った変化の確信に浸ることは快適だが、しかしそれはまたユートピア的であり、非科学的である。ユートピア的理想主義は巧妙な反動形態で、いろいろに姿を変える。堅実な道は、長期的かつ大規模な社会的現実を意識しながら、その上に社会運動を構築することである。資本主義的世界経済についていえば、この現実の中心的部分の一つが循環のパターンである。それは資本主義の初めから存在したし、まだまだその役目を果たし尽くしてはいない。この現実を摑むために、われわれはもっと広い空間と長い時間にわたるデータが必要である。なによりもまず第一にその連続性を調べなければならない。そうして初めて、われわれは漸進的変化、趨勢を理性的に了解できるだろう。

（岡久啓一訳）

註

（1）*The World Economy: History and Prospect,* Austin & London: University of Texas Press, 1978.『大転換の時代——世界経済二十一世紀への展望』坂上二郎、内藤良房、足立文彦共訳、ダイヤモンド社。

（2）*Getting from Here to There: America's Future in the World Economy,* New York: McGrow-Hill Book Co., 1978.『二十一世紀への出発——ケインズ経済学を超えて』坂上二郎、足立文彦共訳、ダイヤモンド社。

（3）*Late Capitalism,* London: New Left Books, 1975. これは *Der Spätkapitalismus,*（Frankfurt: Suhrkamp Verlag, 1977.）の改訂版である。『後期資本主義』飯田裕康、的場昭弘、山本箏共訳、柘植書房（ドイツ語初版からの翻訳）。

（4）*The Second Slump,* London: New Left Books, 1978. これは *Ende Der Krise oder Krise ohne Ende ?,*（Berlin: Wagenban Verlag, 1977.）の改訂版である。

（5）ロストウは「四つの主要で適度に異なる歴史的環境」について短くあまり説得的でない議論をおこなっている。それは(a)一六六一年から一七八三年(b)一七八三年から一九一四年(c)一九二〇年から一九三九年(d)一九四五年以後の四つである。*The World Economy, op. cit.,* 82-90（邦訳上巻一一〇頁。ただし、以下において本稿の訳文は文脈の都合上邦訳と多少異なる場合がある）参照。かれはまた一六三頁（邦訳上巻一一七頁）で一八九〇年代中頃を「真の分水嶺」として言及しているから、われわれは「転換点」に取り囲まれ、しかも余りに多くの低レベルの経済的一般化に直面するのである。

（6）*Ibid.,* 250. 二一三頁。

（7）「コンドラチェフ循環についてのわたしの説明は、食糧および原材料と工業製品の相対価格に焦点を絞ったものである。もちろん他の要因も影響していた。しかしわたしの信じるところでは、究極においてこれらの循環の中に観察できるのは食糧と原材料の相対的な不足と過剰の時期である。投資分野や所得分配の変化、実質賃金や一般的物価水準、利子率の趨勢といったものがコンドラチェフ循環の顕著な特徴になっている」*Getting from Here to There, op. cit.*, 22. 邦訳二五頁。

（8） *Late Capitalism, op. cit.*, 121. 邦訳一三八頁。

（9） *Ibid.*, 141. 同一五四頁。

（10） *Ibid.*, 144（同一五六頁）。「周期的危機の説明には、利潤率の下落から帰結する問題と剰余価値実現の問題とを結合しなければならない……」*The Second Slump, op. cit.*, 165.

（11） *Getting from Here to There, ot. cit.*, 24（邦訳二七―二八頁）参照。ロストウは一方で、「主要な技術革新のリズムは、基礎的商品の相対価格変動のリズムと系統的に一致するものではなかったが、主要な技術革新の盛衰が相対価格の動きに影響を及ぼしているのはまぎれもない事実である」（*Ibid.*, 25. 同二八頁）と付言してその性格を述べながら、他方でかれは『世界経済』を要約してこういう。「本書に一貫して流れる特徴は、通常のGNPに対する投資総額の強調に対して、投資パターンの変更こそが主役であるという主張である」（p625、邦訳下巻二六三頁）。かれは「科学、発明、技術革新の第一歩への投資」を指しているのだと付け加えている。

（12） *Late Capitalism, op. cit.*, 120-21（邦訳一三七―一三八頁）参照。しかしながら、この二人の著者の時間的グループ分けが幾分異なっていることに注意せよ。それによってかれらは、これらのラウンドを一九二〇年以後のコンドラチェフ波動のそれぞれ異なる時期区分に一致させることができるのである。

（13） *The Second Slump, op. cit.*, 178-79.

（14） ロストウは、コンドラチェフ循環を意味するのに「趨勢」を用い、振幅が変化するが常に一〇年を超えない景気循環の意味で「循環」を使っている。

（15） *The World Economy, op. cit.*, 307-08. 邦訳上巻二五三頁（ただし、邦訳文では三行目以降がカットされている）。

（16） 1974 A Downturn of the long Wave?, *Banco Nazionale del Quarterly Review*, No. 126, Sept. 1978,

199-210. かれは一九四五年から一九七三―七四年を「長期的上向スウィング」とみている。
(17) *The World Economy, op. cit.*, 287-88. 邦訳上巻二三七頁。
(18) *Ibid.*, 290. 同二三九頁。
(19) *Ibid.*, 83. 同一一〇頁。
(20) *Ibid.*, 266. 同二二六頁。
(21) *Ibid.*, 248. 同二一二頁。
(22) *The Second Slump, op. cit.*, 12.
(23) *Ibid.*, 16.
(24) *Ibid.*, 17-18.
(25) *Ibid.*, 29.
(26) *Ibid.*, 60-68.
(27) デュプリエは同じ立場をとっている。「価格システムに関していえば状況は異常である」。*Op. cit.*, 207.
(28) *The World Economy, op. cit.*, 561（邦訳下巻一七五頁）。「実に不平等かつ屈辱的なものであったとはいえ、先進諸国との（発展途上世界の）接触は、植民地化の場合でさえも、結局は、近代化を妨害するというよりはむしろ加速したのである」*Ibid.*, 645-46（同二八九―九〇頁）。pp. 576-77 にあるR・B・マッカラムの引用も参照のこと（邦訳文ではカット）。
(29) *Ibid.*, 562. 同一七六頁。
(30) *Ibid.*, 656. 同三〇五頁。
(31) *Ibid.*, ch. 49, 571-81（同一八八―九四頁）参照。
(32) *Ibid.*, 590.pp598,611,625 の同様の言葉も参照のこと。
(33) *Ibid.*, 642.同二八七頁。
(34) 「消費需要の伸びに支えられて有効需要が増大している産業分野への投資を待つのではなく、供給側の基礎的資源への投資によって、直接有効需要を拡大する必要がある」Rostow, *Getting from Here to There, op.cit.*, 51. 邦訳五七頁。

（35）Rostow, *The World Economy, op. cit.*, 651.（邦訳下巻二九七頁）。

（36）*The Second Slump, op. cit.*, 47 ; 108-9 も参照のこと。

（37）*Ibid.*, 64参照。

（38）*Ibid.*, 83-84.

（39）*Ibid.*, 170.

（40）*Ibid.*, 182.

（41）*Ibid.*, 192-208 参照。「全面的闘争を解き放つ最良の方法は、完全な成功をおさめるようないくつかの局地戦を遂行し、労働者達に現在の雇用、賃金、諸権利を防衛できることを実際に示すことである……。

この移行プログラムによって、労働者評議会の支配に基づく民主主義的、自主管理的、計画的社会主義社会への道を開かれるだろう。それは非排他的な多党制をもち、全市民のあらゆる政治的自由を維持、強化、拡大するものである。」*Ibid.*, 206-07, 208.

（42）マンデルによる労働者利益の防衛の強調と、ロストウの「賃金プッシュ・インフレ」と呼ぶものに対する最適な解決策とを比較せよ。かれは、「生産性の上昇につれ物価が下落し貨幣賃金を一定に保つような制度」を示唆している（*Getting from Here to There, op. cit.*, 205. 邦訳二一一頁）。しかし、価格が生産性上昇につれ低下することを保証するため何がおこなわれるのかは示されていない。

（43）『世界経済』の三六五頁（邦訳下巻五頁）でロストウは、これまでは「世界経済的観点から経済成長の動態を眺めてきた」が、つづくページ（第V部）では国民成長を扱うといっている。少なくとも読者には、三六五頁の前と後とでかれがデータを取り扱うやりかたに実質的にどのような違いがあるのかわかりにくい。かれが「成長の限界」理論のなかに捜し当てた主要な欠点は「計算が世界全体を一つにして行われて」いて個別要素に分けられていないということにあったが、このことがかれの見解をいっそう明確にしている（*Ibid.*, 574. 同一九一頁）。わたしならばこれがこの学派の数少ない功績の一つだと考えただろう。

資本主義的プロセスとしての長期波動

イマニュエル・ウォーラーステイン

当時、短期的上昇とか痙攣的上昇といわれたものは、大体において経済の後退のことであった。つまり生産量の後退、普遍的ではないにしても広範な所得の後退、社会的でまた……政治的な緊張のことであった。価格の低下といわれたものはそれと反対の現象を想起させた……〔副次的で目立たない産業部門については留保しておくが〕。……短期的で痙攣的な上昇とはちがって、長期的で漸進的な上昇というのは今日でいうところの意味を大いに含んでいる。この場合、上昇といわれるものは拡張であり繁栄である。低下といわれるものは経済の後退である。

（C.＝E. Labrousse, 1943：xv-xvi. 傍点引用者）

近代世界の社会生活にかんする数量的指標が変化に乏しいものだなどとは、もちろん誰もいわない。それが変動するものであること、つまり上昇したり下降したりするものであることは、誰もが認めている。しかしながら「サイクル〔周期〕」について語ることは、それ以上のことを示唆することである。つまり何らかの規則性の要素を示唆することであり、そうした変動における何らかのパターンを示唆することである。そしてあるパターンを示唆することは、関連して、パターンを説明する構造を示唆することである。

周知のようにこれまで、さまざまに推定された長さをもった数々の推定的なサイクル一式が考案されてきた。キチン波（二—三年）、ジュグラー波（六—一〇年）、クズネッツ波（一五—二〇年）、コンドラチェフ波（四五―六〇年）、そして「ロジスティック波」や「セキュラー〔数世紀にわたる〕トレンド」（一五〇―三〇〇年）がそれである。そんなサイクルなど何ひとつ存在しはしない、あるいは少なくとも、それらが存在することなど（統計的推論によって）適切なかたちで証明されたためしがないという人もいる。そんなものは本質的にありえないとさえ主張する人もいる。(1) 反対に、これらサイクルはどれも実在するのだと信じ、さらにはそれらは相互に「フィット」しあっているのだと信じている者もいる。さらにまた他の人たちは中間的な立場をとって、例えばコンドラチェフ循環よりもクズネッツ循環を優先させつつ、ある種の長さのサイクルは他よりもはるかにありそうなことだと議論したりしている（Aldcroft & Fearon, 1972；Spree, 1980；Morineau, 1984 をみよ）。

諸見解はこのようにさまざまであるが、そのなかで奇妙なことに、こうした懐疑論や論争性といった尺度をあてはめてみるとき、コンドラチェフ循環は明らかに最高位にランクされるという結果が出ている。コンドラチェフ循環はしばしば「長期波動」とよばれているが、しかし実際にはさきの一連の推定的諸サイクルのなかでは、それは中期の長さでしかない。したがって第一の難問は、相対的にいって学者たちはなぜ、中期の長さのコンドラチェフ循環よりも、もっと短期および長期のサイクルに信頼をおくことがたやすいとみなしてきたかということである。

一見したところコンドラチェフ循環を受けいれているようにみえる人びとの間でさえ、コンドラチェフ・サイクルの概念が適用できる歴史時期にかんしては、するどい対立がある。コンドラチェフ自身は一九二〇年代に著したのだが、一七八〇年代をもって自らの計算と叙述を開始している。その古典的なテキストのなかで、かれはその開始期の理由にかんして（理論的と対置した意味で）純技術的な説明をあたえた。一七八〇年代から出発したのは「信頼できるデータの領域内にふみとどまる」ためだという（Kondratieff, 1979：520)。シュンペーターはもっとはっきりと、コンドラチェフ波動は歴史的に「確実に一六世紀までさかのぼって」追跡しうるし、[2]一七八七―一八四二年の長期波動は「その種のものの最初ではなく」、たんに「十分に明確な統計的記述が可能な最初のもの」であったにすぎないという事実を指摘している（Schumpeter, 1939：I, 250, 252)。

しかし、コンドラチェフやシュンペーターの伝統に立脚していると自ら思っている多くの人は、問題はたんにデータの利用可能性の問題にあるのでなく、むしろ一七八〇年（ないし一八〇〇年）は、産業革命の開始によって刻印される理論上の転換点であったという点を主張している。デルベークの議論はこうした見解の典型である。

長期波動は工業社会の発展に固有な現象である。農業社会にあっても長期的変動を見いだすことができるが、そうした変動は他のメカニズムによって規定されているのである（Delbeke, 1982：1)。

一六世紀から一八世紀にわたるコンドラチェフ的な長さの波動にかんするデータを収集している人たちは、かれらが叙述している現象が一七八〇年（あるいは一八〇〇年）以後に見いだされる現象とは若干ちがっているということに、ほぼ同意するであろう。

コンドラチェフ循環の包括性にかんしては、さらに二つの問題がある。ひとつは、われわれのタイムスパンの両端の問題である。ギー・ボワはノルマンディーの明らかに中世的・封建的な時代を叙述しながらも、コンドラチェフ的な長さの運動について記述しており、それをかれは「中期的長さ（三〇年型）の運動」とよぶ（Bois, 1976：246)。つぎにポスト一九四五年期に二つの問題が提起された。第一にロストウ（Rostow, 1978）は、他のたいていのコンドラチェフ論者とは根本的に異なる日付をもったサイクルを提示した（Wallerstein, 1979 をみよ)。第二に多くの者が主張するところによれば、これらの周期的過程はたとえ実在するとしても、社会主義世界には適用できないという。だが他の者はそれに同意しない。

いったいコンドラチェフ波動は、何らか筋のとおった見解として存在するといえるのか。かりに存在するとして、どのタイムスパンにわたってそれを語ることができるのか。こういった二つの論争の背後には、史的システムとしての資本主義の本性にかんする基礎的な見解の相違が横たわっている。

結局、われわれはなぜサイクルに関心をもつのか。サイクルというのはもちろん、分析家の構想物である。一見するところ、そんなふうに言うのはサイクルを何か非現実的なものとして非難することだと信じている統計家もいる。だが、われわれの概念というものはすべて構想物なのであり、現実世界を透視し解釈するための手段なのである。そのような構想物なしには、われわれは現実について語ることはできないし、それについて考えることすらできない。言うまでもなく構想物というのは、経験的基礎をもっていなければならない。それは当然に空想とは区別される。しかし構想物は「事実」ではない。「事実」はともかくも存在し、どうしようもなく客観的であり、集合的表象や社会的意思決定によって媒介されていないものである。構想物の方は説明的な議論であり、ある一個の説明的議論に対して代替的な——対立的でさえある——説明的議論が対置されることがある。それが正当化されるのは、それがもつ弁護可能性と発見的価値にある。構想物の有用性はその含意にある。だからわれわれは、テーブル上のいくつかのカードでゲームをすべきである。

思うにサイクルに関心をよせる理由は、サイクルが一個の史的システムの生命を表わすメカニズムであると同時に、それをとおしてそうしたシステムが作用するメカニズムであるからである。われわれの関心は、生理学者が動物生命の呼吸に関心をもつのと似ている。生理学者は呼吸が存在するか否かについて議論しはしない。またかれらは、この規則的・反復的な現象がその形態と長さにおいてつねに絶対的に同一であるなどと仮定しはしない。さらにまたかれらは、特定のケースについてその原因と結果を説明することが容易だなどとは考えていない。そうした説明は必然的にとんでもなく複雑なものとなろう。しかし、あらゆる動物が反復的かつ十分に規則的な呼吸をする——さもなければ生存しえない——ということを考慮することなしには、動物生命の生理学を記述することは困難であろう。

もちろんこう言っただけでは、つぎの問題が依然として残っている。そういった構想物それ自体の研究が研究対象たるシステムの作用について、より多くのことを知るために有効な方法なのかどうかといった問題である。学的エネルギーの投下はひとつの決定でありリスクであって、のちの説明的洞察によって報われるように思われるときにのみ遂行されるのであろう。たいていの学者は、コンドラチェフ波動の構築に力を注ごうとはしたがらなかった。われわれがそうしつづけるべきかどうかを、そしてどんな形態においてかを評価するのは、理由のないことではない。

そうした学的エネルギーの投下は割のあうことだとわたしは信じているのだが、そのわたしとしては、しかし、サイクルの日付確定の仕事はあまり報われないことだと言っておこう。経験的データのレベルでコンドラチェフ以来半世紀、断続的につづけられてきた経験的作業は、コンドラチェフの基礎的発見に多くのものを付けくわえたとは全然いえない。懐疑論者はあいかわらず納得していない。他方、信奉者の間では、測定のためにどの周期的プロセスを選んだらよいか、何が何の原因となっているかについて論争しあっている。これはそれ自身手間ひまのかかる論争であり、またそう言ってよければ、情熱に欠けあまりの狭量さを見せつけた論争である。この点、コンドラチェフ分析の専門家のアキレス腱は、かれらが「長期サイクルを解釈するための首尾一貫した（統一的なとはいわない）理論的基盤を練りあげること」に失敗したことにあるとゴードンは言っているが、かれはまったく正しい（Gordon, 1980 : 10）。

思うに出発点は、史的システムとしての資本主義の諸プロセスにかんする（願わくば首尾一貫した、おそらくいつかは統一される）ヴィジョンであるはずだ。さらにまたわれわれは、シュンペーターがその景気循環にかんする書物のなかで宣言した前提から、すなわち「資本主義それ自身は経済学的にも社会学的にも、本質的に全世界を舞台とする一プロセスである」（Schumpeter, 1939 : II, 666）という前提から出発しなければならないと思う。

この前提から出発するならば、論理必然的につぎのようになる。すなわち、コンドラチェフ循環なり何か他の循環プロセスが存在するとしたら、それは何よりもまず全体としての世界経済にかかわる現象でなければならない[3]。コンドラチェフ・サイクルにかんしてこれまでずっと収集されてきた数量データを一瞥しただけでも、それらは残念ながら圧倒的に個別諸国家——たいていは西欧やアメリカ——についてのデータだということがすぐわかる。

だからそこから言えるのは、そうしたデータによってわれわれの仮説が確認されるようにみえるとしたら、それは誤解によるものだということである。というのも全体としての世界経済にかんして、同じことが言えるとはかぎらないからである。また、そういったデータがわれわれの仮説を確認しないようにみえるとしたら、それもまた誤解である。なぜなら、たとえ国内的測定値において確認されないとしても、全体としての世界経済にかんしては依然として妥当するかもしれないからである。

最悪なのは、フォレスターが嘆くとおり、「経済にあっては所を異にすれば様式も異なりうるということを、論者たちが認識しそこなっていることによって、コンドラチェフ波についての文献がことのほか混乱をきたしている」（Forrester, 1977：536）点である。有力な証拠をもってわたしは、世界経済の圏域《ゾーン》を異にすれば、と付けくわえたい。

しかしながら、測定される必要のあるものが全体としての世界経済（その複合性において、また種々なる部門や圏域に位置する多数の諸力のベクトルとして）だということについて、たとえ合意がなされねばならないとしても、測定すべきものが何であるかについての問題は残るであろう。上昇したり下降したりするものは何なのか。思うに、われわれが一丸となって多大のエネルギーを費やしておこなったのは、サイクルそのものよりもサイクルの帰結を測定することであった。各種物品の価格（価格比を含む）、イノベーション、生産高、マネーサプライなどである。これらすべてはコンドラチェフ波動と複雑に連関しあって上昇したり下降したりすることについて、わたし自身ほとんど疑っていない。しかしそれらはプラトンの穴ぐらのなかの影のようなものである。

コンドラチェフ波動が資本主義の一現象だとしたなら、決定的論点はまさに利潤率である。実際、学派をまったく異にする諸論者がこのことを教えているのである。「資本主義的発展の長期波動にかんするマルクス主義理論がありうるとしたら、それは唯一、資本蓄積理論［すなわち］利潤率理論である」（Mandel, 1980：9）とマンデルはいう。シミアンも、「核心的ファクターは利潤水準であって、それが経済活動全般にわたって増加しつつあり高位にある」（Simiand, 1932：45）局面を、A局面と定義しつつ同じことをいう。またデュプリエは下方転換を市場の充溢によって説明しているが、これは利潤低落を語るもうひとつの方法であろう（Dupriez, 1978：204）。最後にシュンペーターであるが、かれは価格を過度に強調する議論に警告を発しつつ、価格の背後にある決定的問題をこう指摘する。「価格下落は貨幣利得の下落と同じではないし、後者は後者で実質利得の下落と同じではない」（Schumpeter, 1939：II, 450）。

では、なぜ利潤率を測定してこなかったか。答えはごく簡単であり、方法論的問題を扱ったラブルース論文のなかにあたえられているように思われる。価格、生産高、地代、賃金、利潤を比較しつつ、かれは「利潤の動きを測定することは他のものにくらべて一番あいまいである」（Labrousse, 1975：592）と言っている。こうした困難に直面してマンデルは、利潤のバロメーターとして利子率を用いようと提案している。というのもかれが言うには、長期的には利子率は「平均利潤率とパラレルに変動する」（Mandel, 1980：19）からである。しかし、そう言えるかどうかは問題である。なぜなら、貨幣もまた一個の商品であるからには、全般的利潤率は多数の投資部門――貨幣への投資を含む――の利潤率のベクトルだからである。

わたしは利潤率測定上の概念的・技術的困難を小さなものにしたいと思っているのではない。ましてわたしは同時に、全体としての世界経済にかんして利潤率を知りたいと示唆しているからといって、そう思っているわけではない。だが、利潤率の近似的測定法を何か開発しないならば、われわれはけっしてパターンを発見することはないだろう。さらにくわえて、そういった測定について絶望すべきでない理由をひとつ言わせてもらいたい。自明なことだと思うのだが、現実世界の資本家たちは利潤率の比較評価にもとづいて、不断に投資決定をしている。かれらの知識はもちろん限られているし不完全である。かれらはもちろん誤りをおかす。だが資本主義システムが十全に機能すべきものであり、またこれまで長期的に機能してきたとすれば、資本家は全体としてまちがった意思決定よりも正しい意思決定をしてきたにちがいない。さもなければわれわれは、今日みられるものよりもはるかに激烈な振幅状態のうちにいたことだろう。学者たちが協力しあって投資家たちの方針を調べなおし、こうして利潤率測定への何か合理的な近似法に到達できないものであろうか。

わたしは別に、何か新しい単一の測定法について言おうとしているのではない。明らかなことだが、シュンペーターが想起させてくれたように、「サイクルというものは、そのなかで経済システムのあらゆる要素がある特徴的な仕方で相互作用しあっているのであって、……主動因の役をになうものとして何か一個の要素を選別することはできない」(Schumpeter, 1939 : II, 449)。そういった複合性があるからこそ、モリノーは(この号で)「サイクル」研究にかえて「シークエンス〔連鎖〕」研究を推奨するわけである。シークエンスはそれぞれ特徴的な形をもつ不規則な長さとして定義されている点がちがっている。またシークエンスの利点は、「水底、水中、表面のどこにあろうと、それらを区別したり統一したりしつつ」、あらゆる動きを同時に観察できる点にある〔M. Morineau, Juglar, Kitchin, Kondoratieff et compagnie, *Review*, VII, 4, Spring 1984〕。

わたしは諸サイクルを考察し、しかも各サイクルをその複合性において――経済的複合性のみならず政治的・社会的複合性においても――考察することに、まったく賛成である。だが、それを意味あるものにするためには何らかの導きの糸 fil conducteur が必要であり、この導きの糸は他の何にもまして、グローバルな利潤率のうちに見いだしやすいと思われる。いったん見いだしたならば、やがて、各種パターンの歴史的なありかたはきわめて入り組んだものだということを発見するであろうし、こうしてあいつぐ各局面――ないしシークエンス（もちろんこれでもよい）――のあい異なる具体像があたえられるであろう。

しかしながら、たとえ導きの糸としてグローバルな利潤率のサイクルに集中すべきだとしても、われわれは依然として、モリノーが（この号で）「一七八〇年ないし一八〇〇年の以前《プレ》と以後《ポスト》にかんする争いのリンゴ[4]」とよぶものに直面している。われわれは本当に、一六世紀から二〇世紀にまで妥当する単一のパターンについて語りうるのだろうか。単一のパターンということによって何を意味すべきかを明確にすることができれば、わたしは語りうると思う。

伝統的に一五〇〇―一八〇〇年期とポスト一八〇〇年期が区別されてきたのであるが、そのポイントは、まだ圧倒的に農業的な経済システムと工業的要素が重要となった経済システムとの想像上の相違にある。どちらにおいても「危機」は発生したが、前者にあっては「アンシャン・レジームの危機」であった。すなわち収穫の危機であった。古典的な説明によれば、凶作が起こると当然ながら穀物やパンが高価格となる。これはふつうの購買者だけでなく、ふつうの生産者にとっても破局となる。凶作のとき農村の小生産者には、自分たちの生活物資や種子を控除したのちには、販売すべきものは全然またはほとんど残らない。かれらは物価高の恩恵をまったく受けない。他方、消費者は、都市生活者であろうと市場で自らの食糧の一部（この部分は凶作のゆえに増加する）を買う農村生産者であろうと、物価高に直面するだけでなく雇用および／あるいは賃金の低下にも直面する。こうして物価上昇は繁栄時とはマイナスの相関をしめす。おそらくポスト一八〇〇年期には、このことはもはやあてはまらない。理由としては第一に、（農耕法や輸送などの改善のおかげで）収穫の偶然性はもはや支配的でなくなった。第二に、「工業」危機は逆の相関を見せるようになった。つまり繁栄時と物価上昇が手をたずさえるようになった、というわけである。

こんな露骨なかたちで述べられると、プレ一八〇〇年／ポスト一八〇〇年の区別は、多くの点でおよそ自明だとはいえないことは明らかだ。第一に、「繁栄時」というのはまったくあいまいな概念である。誰にとっての繁栄時なのかを問わねばならないからである。アンシャン・レジームの危機を描写することそのものにおいて、生産者にとっての難局が小生産者のそれに特定化されていることに注意せよ。あるサイクルの諸局面がもつ「プラス」ないし「マイナス」の性格というこの問題には、われわれもあとで立ちもどるであろう。しかし、時代的境界線の両サイドで諸局面は反対に評価されうるということは、けっして明らかなことではないのである。

第二に、アンシャン・レジームの二重の否定的性格（消費者には高価格、同時に消費者の賃金所得は低下）は、他の誰にもましてラブルース（Labrousse, 1945 : v）が、産業革命とともに消滅したと想定したものであるが、それは最近、いうところの新現象たる「スタグフレーション」において再発見されたのである。

くわえて第三に、しかもきわめて重要なことだが、そこには時間幅にかんする混乱がある。アンシャン・レジームの危機は主として、局地的市場における短期的な危機（すなわちキチン波）にかかわっている[5]。だがスリッチャー・ファン・バス（Slicher van Bath, 1977：50）が想起させてくれたことは、プレ一八〇〇年期には局地《ローカル》・地域《リージョナル》・国際という三種類の農業市場があって、アンシャン・レジームの危機が起こったのは局地的市場においてだけだったということである。換言すればそこには、中期的に高価格が生産増をもたらし低価格がその逆をもたらすという、なじみのポスト一八〇〇年的現象も見いだせるのである。このように大まかには、物価と「繁栄時」とは相関していたのである。

だから、ポスト一八〇〇年期のコンドラチェフ波動にかんする今日の主要な諸見解を振りかえって、それらが一五〇〇―一八〇〇年期の状況にいかに妥当しうるかを見ておこう。近年の文献のうちには、（a）テクノロジー枯渇説、（b）資本の過大拡張説、（c）一次産品の過大拡張説という、三つのあい異なる強調点が見いだされる。これら諸見解には多数の変種がありしばしば大いに精密化されているが、それら諸見解の各々を説明するために、三つの総括的叙述を以下に引いておこう。

（a）停滞の根源は旧来のテクノロジーにおいて改善の可能性が枯渇したことにあり、このことがやがて供給の集中と需要の飽和を促進していく（Mensch, 1979：111）。

（b）理論の示唆するところによれば、長期波動の初期局面は、資本や物財生産産業が拡張するにつれて、雇用機会を創出する。資本生産セクターが過大に拡張しはじめるにつれて、このセクターは資本を経済の残り部分へと押し出しはじめ、こうして雇用をさらに移動させていく（Senge, 1982：13）。

（c）コンドラチェフ・サイクルは主として、世界経済における食糧および原料にかんして、その能力や産出の動的な最適レベルが周期的に過足したり不足したりするということによって引き起こされる（Rostow & Kennedy, 1979：1-2）。

これら三つの論述を並べてみれば、ある一個の共通の特徴を共有しているということは明らかだと、わたしは思う。それらがどれも主張しているのは、何らかの供給と何らかの需要の間のずれが時間の経過とともに大きくなっていくような何らかのプロセスが存在するということ、そしてこのプロセスは構造的なものであって状況的なものではないということである。わたしはそれに異議はない。それどころかこの共通の議論を採用する。そのさい、当然にも問わねばならないのは、そうした需給間の構造的不一致がどのようにして起こるようになるか、そしてどのようにしてそれが反復的つまり周期的に起こるようになるかである。論理的にいってこれが起こりうるのは、需要・供給を決定する諸ファクターは、連関しあっているとはいえ異なっており、したがって異なった比率で変化するからだとしか、わたしには思えない。

そういったファクターとは何であろうか。われわれは資本主義システム――そこでは生産者たちは蓄積しようとしている――を問題としているのだということを考えれば、生産者たちがその生産を収益性にかんする期待に調節するだろうということは、ありうることだと思われる。したがって、価格水準が高いとみなされているものに対して充足されない需要があると考えられるかぎり、生産者は自らの生産を拡張していくだろう(あるいは新規生産者が市場に参入するだろう)。生産の拡張とともに、総需要が変化しないかぎり、生産の拡大は自動的に自分自身のレーゾン・デートルを低下させてゆく。

しかし生産は自らの需要を生み出さないのか。もちろん生み出さない。生み出すとすれば、われわれは経済的に平穏な世界に住んでいることになろう。そうならない理由は、需要は剰余の分配の関数だからである(食糧消費がこれを強めるというエンゲルスの法則を想起しさえすればよい)。しかしながら剰余の分配は、供給の変動とはちがって、蓄積に対する見方にしたがってなされる多分に個人的な意思決定の結果ではない。剰余の分配は主として社会政治的な土俵で決定されるのであり、あい争う諸階級・諸階層の総体的かつ局地的な力関係 rapport de forces の帰結なのである。利害の抗争はつねに存在するが、尖鋭な闘争はもっと不連続的なものであって、だから中期的に持続する妥協がもたらされるのである。

需要の不連続的変動とむすびついた供給の連続的変動こそが、コンドラチェフ循環という中期的な長さのサイクルをもたらすのである。もちろんイノベーション・サイクルは、このパターンの一部をなす。需要と供給の不一致が尖鋭になり、過剰生産/需要飽和と規定されるような状況に達すると、生産コストを削減したり、新しい生産ラインをつくりあげるリスクを負ったりする方策を探しもとめることが、大変に望ましいこととなる。このことは、生産財の「過剰投資」や基礎商品の「過足」といった、残り二つの説明といかなる意味でも矛盾しない。後者の二つに対してシークエンスを明確に決定しなければならないとも、わたしには思われない。その相互作用はとんでもなく複雑でありうるからである。どの場合においても基礎的なプロセスは、短期的観点からは生産者の合理的・効果的行動であるものがより集まって、ついには中期的な「浪費」や「過剰生産」となるということである。

一九七三年のような石油価格の「過熱」は、一九五〇年代および一九六〇年代の世界経済において工業能力投資が増大し「過剰投資」がもたらされたことの原因ないし結果であったのだろうか。直接的状況の具体的分析によれば、そう言いきるのは誤解をうむかもしれない。しかし、長期のコンドラチェフA局面が終わりB局面と交替するというパターン観察によれば、右の二つのファクターは（旧来のテクノロジーの「枯渇」と並んで）、どれも混和しあっているのである。

問題となる供給と需要の不一致とはグローバルな不一致だということ、またそのような結果にいたりうる「シークエンス」はまことに多彩だということが、いったん認識されたならば、ポスト一八〇〇年期に見られるコンドラチェフ波動の具体的な変化を予期しうるだけでなく、プレ一八〇〇年期にもそうしたシェーマを利用することはまったくありうることだと思われる。たしかに一八〇〇年におけるよりも一七〇〇年の方が、世界経済の構造化や商品化の程度は小さい。しかしこういうことは、一八〇〇年と一九〇〇年の比較や、一九〇〇年と現代の比較においても同じようにいえる。というのは、商品化のプロセスは資本主義世界経済の数世紀《セキュラー》にわたるトレンドのひとつだからである。

そうしたグローバルな不一致のパターンはなぜ平均四五—六〇年の長さをとるのか、という点が問われるべきものとして残っている。ゴードンの主張によれば、それはインフラ投資の規模に、また「その投資にファイナンスすべき潜在的に不可視な利用可能基金の供給」（Gordon, 1980：29）を蓄積するのにかかる時間的長さに関係している。ゴードンは、そのようなインフラ投資はひとえにポスト一八〇〇年期の現象だと示唆しているようにみえる。なぜ必然的にそうなのか、わたしには分からない。たしかに、絶対的に小さな規模において（だがそのまま相対的に小さな規模においてということでない）、一五〇〇―一八〇〇年期の造船や冶金・繊維生産、新規鉱業、さらには新農業地帯の開拓までふくめて、それらへの投資にファイナンスするために、先行的な蓄積が存在しなければならなかった。

しかしながら、いうところのコンドラチェフ循環の長さは政治的諸プロセスともむすびついているように、わたしには思える。このプロセスの鍵となる一要素が剰余の分配だとすれば、またそれが主要な政治的闘争の帰結だとすれば、世界経済の諸部分において政治闘争を発火・流動化・総括するためには時間がかかる。政治闘争の総結果は総有効需要を拡大するであろうし、それはひるがえって長期の下降ののちにA局面を開始させる主要な要素となるであろう。四五―六〇年という期間にかんして何も魔術的なものはないし、そういった時期区分にかんして何も受け入れがたいものはない。

そこでもっと長期の「ロジスティック波」や「セキュラー・トレンド」に目を転じると、そういった一五〇―三〇〇年のサイクルに対してどういった説明がなしうるのであろうか。たとえこのプロセスがコンドラチェフ波動のプロセス――不一致のより合わせ――に似ているとしても、この説明のためには何らかの追加的ファクターが必要とされるであろう。

ロジスティック波はコンドラチェフ波動よりももっと強烈に、価格運動として認められている。つまり「最長の長期価格運動」（Braudel & Spooner, 1967：391）である。数世紀にわたるインフレ・デフレのパターンは、一一〇〇年にまでさかのぼることができ今日もつづいている。このパターンは規則性をもって描写されてきたが、ほとんど説明されたことはなかった。「歴史上のロジスティック波にかんするまっとうな学問的研究は、ほとんど手がつけられていないのである」(Cameron, 1973：146)。可能なひとつの接近法について示唆させていただきたい。その長期サイクル分析においてゴードンは、「インフラ投資」と、かれのいう「世界市場支配投資」を区別する。後者は「その創設と償却のために長い期間を必要とする」(Gordon, 1980：31)。だが世界市場支配投資とは何なのか。それはグローバルなインフラストラクチュア(輸送、通信、金融網)でもあり、また政治軍事的なインフラストラクチュア(軍隊、広い意味の外交網、政権転覆網)でもある。それは資本主義世界経済におけるヘゲモニー権力の存在とともに歩み、それを下支えするものである。別の論文(Wallerstein, 1983)でわたしは、ヘゲモニー「サイクル」が「ロジスティック波」ときわめて密接な相関関係にあるようにみえる道程について展開した。すなわち、相対的な経済的効率性の長期にわたる獲得と相関してヘゲモニー権力がゆっくりと興隆する、それが「世界戦争／三〇年戦争」で頂点に達しヘゲモニーが決定的に樹立され国家間システムをリストラクチュアする、つづいて相対的効率性が同じようにゆっくり低下し、短命な真正のヘゲモニー局面が終わりはじめ、諸列強間で敵対しあうふつうの国家へと復帰する、という具合にである。[6]

　こうしたパターンにかんして、あと一言ついやしておきたい。周期的リズムについて肯定的に議論するということは、セキュラー・トレンドを否定することではけっしてない。リズムというものは史的システムのリズムなのである。リズムはリズミカル〔規則的〕ではあっても対称的ではけっしてないから、セキュラー・トレンドを構成するのである。矛盾的に展開するこのトレンドそれ自体こそが、ある分岐点へと、史的システムのひょっとしてありうる衰退へと、何か他の史的システムへの移行へと導いていくのである。この移行プロセスそれ自身は長期にわたり、移行期をつうじて現存システムの周期的リズムはその作用を停止することはない。停止しないどころか、それが継続的に作用していることこそ移行を強制するのである。(7) フォレスターは、かれが「ある一個の文明の……経済的発展のライフサイクル」とよぶものを論ずることによって、同じ問題を提出している。かれの言うところによれば、われわれは「過去の指数的成長から未来の均衡への……移行」(Forrester, 1977 : 540) のうちにある。しかしながら、均衡は厳密には資本主義にとってはありえない。資本主義の実存形態は拡張だからである。

終わりにあたってわれわれは、周期性仮説の暗黙的評価の問題に立ちかえらなければならない。シミアンはA局面を「プラス」、B局面を「マイナス」とよんだ (Simiand, 1932 : 17)。というのはA局面は拡張局面であり、B局面はどちらかというと停滞局面だからであって、いま述べたように資本主義にとっては、その実存形態は拡張にあるからである。だがこの用語法は二つの理由から誤解を招く。

史的システムとしての資本主義世界経済の観点からは、B局面は資本主義の実存にとって本質的要素である。呼吸のアナロジーにもどれば、ひとはA局面で新イノベーション、投資、拡張の酸素を吸い込み、B局面で毒素を吐き出し(非効率的な生産者や生産ライン等々の排除)、こうしてまた活性化する。この意味でコンドラチェフ波動や「ロジスティック波」の周期的ビヘイビアは、資本主義システムの生命線なのである。システムの観点からは、すべて「プラス」なのである。

システム内の特定のグループ(各種資本家群や各種労働者グループ、さまざまな国家、中核圏域対周辺圏域)の観点からは、A局面ないしB局面との単純な「プラス」相関は存在しない。それらは、ある者にとっては他の者よりもつねに好都合である。例えばB局面では賃金雇用の低減があるかもしれないが、雇用されつづける人びとにとっては、実質賃金が上昇するかもしれないということもまた真実であろう。ある圏域での雇用の低下は他の圏域での雇用の増加を意味するかもしれない。新種の企業を起こせば、一時的に準独占を手にした人びとは高利潤を得るであろう。だがこのことは、他の企業家の破局をもたらすかもしれない。ある特定の半周辺国が「発展」すれば、その国境内の多くの人びとは生活水準が実質的に増加するかもしれないが、世界のどこか他のところではそれが大きく低下することになろう。

という次第で、A局面ないし拡張の概念から「安寧」well-being といった含意を取り去らなくてはならない。実のところシュンペーターは、すでに同じような忠告をしていた。「[われわれのモデルは]繁栄や景気後退に対して……世論が付与したがる福祉的な含意をあたえていない」(Schumpeter, 1939: I, 142)。それがなされれば、われわれは多分、これほどまでに資本主義の核心的特質をなしている長期波動の研究において、もっと感情的でなくなりもっと冷静になれるのであろう。まったくのところ、シュンペーターの憂鬱なヒントとともに本稿を終えるのがよかろう。

> 景気循環の分析は、資本主義時代の経済プロセスの分析以上でも以下でもない。われわれはたいてい、課題の性質と同時にその恐るべき範囲をも明らかにしているこの真理を発見していく(Schumpeter, 1939: I, v)。

（山田鋭夫訳）

註

（1）「二〇〇年にわたって周期性が存在するなどということはまずありえない」と言ったワシリー・レオンチェフが引用されたりしている（*Business Week*, Oct. 11, 1982：130）。

（2）ブローデル＝スプーナーはそれ以上である。かれらは、コンドラチェフ波動は「まちがいなく［一六世紀］以前においてさえ」存在するという（Braudel & Spooner, 1967：437）。

（3）トーマス・クチンスキーはコンドラチェフ波動の有用性について最後まで懐疑的な人であったが、それでもこの問題にかんするかれの一連の仮説において同じことを言っている。すなわち、「コンドラチェフ・サイクルは国民経済にかんしてでなく、資本主義世界経済にかんして典型的な現象である」（Kuczynski, 1978：80）、と。

（4）この「争いのリンゴ」は一九七六年以来、フェルナン・ブローデル・センターの世界経済の循環リズムとセキュラー・トレンドを研究するワーキング・グループの中心的な問題関心であった。その初期の報告（Research Working Group on Cyclical Rhythms and Secular Trends, 1977, 1979, 本書所収）をみよ。

（5）しかしモリノーは注記して、ラブルースもまた間循環の下方転換にかかわる表現を用いているが、それは物価と地代の不一致をあらわしている、と言っている（Morineau, 1978：390, Fn. 36）。

（6）ついでに述べておけば、ゴードンはコンドラチェフ波動の説明における「外生的」ファクターを拒否し、マンデルはそのゴードンを批判しているのだが、以上の分析はマンデルの批判を解決するものである（Gordon, 1980：22；Mandel, 1980：55）。マンデルにとってコンドラチェフ循環における外生的なものとは、もっと長い「ロジスティック波」に内生的なものだということは明らかだ。

（7）コンドラチェフ・サイクルが今日の移行期の間、資本主義世界経済の機能的一部でありつづけるか否かの論争としては、サミール・アミン、ジョヴァンニ・アリギ、アンドレ・グンダー・フランク、イマニュエル・ウォーラーステインの共著の「結論」におけるかれらの議論を参照せよ（Amin, Arrighi, Frank & Wallerstein, 1982：233-34）。

長期波動と労働過程変化

ロッド・クームズ

はじめに

この論文は、長期波動メカニズムにおける生産テクノロジー変化の役割を明らかにするものである。長期波動は生産システムにおけるオートメーションの進歩に影響を及ぼしているが、この論文は特に、長期波動の下方転換点において、イノベーションを誘発するメカニズムがはたらく可能性を検討している。この誘発メカニズムは長期波動モデルの内部で議論されるが、フリーマン（Freeman, 1979）とマンデル（Mandel, 1975）の研究は、この長期波動モデルの基礎として使われる。

第1節では、労働過程論を用いて、オートメーション概念を、機械化の一連の歴史的諸段階として再構成する。この機械化は生産過程の様々な諸部門に集中しつつ、連続的に生じてきた。第2節では、現在の長期波動の中に機械化の諸段階の発展を位置づけるための実証データを提示する。第3節では、機械化と労働過程変化の分析を長期波動メカニズムのフレームワークの中に位置づける。そして、この分析は次のことを明らかにする。波動の下方転換点での技術変化のいくつかの特徴は、長期波動メカニズムにとって内生的なものとして考えることができる。このことの説明にあたって、わたしは、「不況がイノベーションをひきおこすという」不況トリガー仮説に依拠するのではなく、下方転換点の本質的に政治的かつ非決定論的性質を尊重している。

1　オートメーションについて

一定量の生産に必要な直接労働量の削減、および機械によって代替できる熟練の範囲の増大は、経済発展の一貫した特徴である。最近まで、このことにともなう主要な経済問題は、雇用水準の問題であった。これは今でも問題であるが、今日もう一つの問題が生じている。この問題についてはブレイヴァマン（Braverman, 1974）以来、「労働過程論」の分野に寄与してきた研究者たちが明らかにしてきた。かれらは経営者が生産テクノロジーを変化させる二つの動機の関係に注目した。第一の動機は、伝統的な生産コスト計算に関わる。第二の動機は、仕事の方法や速さのコントロールをめぐる労働者と経営者との力関係に関わっている。

この問題の研究は、二つの解釈に分極する傾向にある。第一の立場は次のように主張している。労働過程の形式的包摂から実質的包摂への移行によって、資本主義的経済は、労働過程のコントロール力を労働者から奪い取ろうという固有の傾向をもつことになる。この傾向は、社会における賃労働関係の維持にとって一つの必要条件としてとらえられている。そして、経営者によるコントロール力の収奪は、生産テクノロジーの発展に対して「熟練剥奪 de-skilling」バイアスをつくりだすことが主張される。この立場は必ずしもコスト動機を無視しているわけではないが、コントロール動機の方を強調している。

これと対照的な立場は、主として機械工業におけるフィールドワークに基づいて、どんな特殊な機械についても、職務と熟練は交渉によって決まることを強調する（Jones, 1982）。同じＮＣ工作機でも、異なる工場に導入されれば、その工場にある特殊要因のために、異なる熟練変化を生み出すだろう。

以上のような対立は次のことを示唆している。生産機械の技術変化過程でのイノベーション誘発メカニズムを特徴づける試みは、熟練やコントロールをめぐる経営者と労働者の闘争以外の諸要素を含むものでなければならない。それゆえ、熟練を奪い取るように設計されたものとして「オートメーション」テクノロジーを狭く解釈することは、一面的なものになりがちである。このことは、労働過程論の発展の初期にブライトン・グループ（Brighton Group, CSE, 1977）によって指摘された。かれらは技術変化におけるコスト動機をコントロール動機よりも強調した。しかしかれら自身の立場からは、技術変化のいかなる方向性をも導き出さなかった。

この問題を難しくしている主な要因は、諸動機とともにテクノロジーの実際の変化を適切に特徴づける必要性である。両方の現象が適切に特徴づけられた場合にのみ、機能的連関を検証することができる。この点に関して、オートメーションと機械化の定義という問題にぶつかる。

ブレイヴァマンとかれを支持する研究者は、ブライト（Bright, 1956）の研究に基づいて、オートメーションを定義している。その結果、工具や被加工物のコントロールを機械がおこなうようになることを軸に機械化をとらえている。これは機械化の尺度としては一元的である。

ベル（Bell, 1972）の研究は、異なる出発点を示している。かれは次のように述べている。製造活動は、機械化の水準の相違に対応して相異なるが関連しあう三つの活動の結合から構成されている。三つの活動とは、被加工物の加工、加工職場間の被加工物の移動、および以上の二活動のコントロールである。したがって特定の機械あるいは機械群に関して、例えば、コントロールについては高度に機械化されているが、移動については機械化が低度にとどまるといったこともありうる。またこの逆もありうる。

これらのカテゴリーを機械生産システムの分析につかって、ベルは、機械化に三つの次元が識別できること、および様々なタイプの機械はこの三つの軸に対応して正確に特徴づけうることを見出した。さらにかれは、新しい機械は、その出現に応じて、順次この三次元空間に位置づけうること、しかし発展方向は単一でないことも見出した。しかしながらかれは歴史的データを詳細には調査しなかった。ベルの研究は労働過程論文献より以前のものであるが、かれはすでにこのフレームワークを用いて、次のことを示している。新しい機械が導入されるとき、それが熟練に及ぼす効果は、機械のもつ新機能が職務編成計画に結合されるときの結合の態様に依存する。すなわち機械が熟練に及ぼす効果は、単にテクノロジーによって決定されるわけではない、と。

さらに検討することによって、以下の結論をひきだすことができる。機械化の過程は、単なる技術的代替の過程ではなく、人間と機械との特定の諸結合の代替過程である。くわえてこの過程は三つの次元で進行する。このことはテクノロジーが優先し、労働組織は付随的であることを意味しない。実際、両者の発展は、もっと相互依存的である。この結論は、純粋に技術的意味におけるコントロールを、権力的意味でのコントロールから区別することによって、労働過程とその構成要素をかなり適切に説明している。より重要なことは、それが、経営者や労働者が諸変化を認識したりつくりだしたりするフレームワークを明らかにしているということである。

したがって、「オートメーション」は一般的概念として使用を差し控えるべきであり、「第一次」「第二次」および「第三次」機械化という用語で置き換えられるべきだということになる。この三つのカテゴリーを使うことによって、生産テクノロジーの全般的発展を再解釈することが可能になる。しかしこの野心的な企てはここでは細部にわたって提示できない。以下に要約した説明は、わたしの別の論文(Coombs, 1982 : Chs. 4, 5, & 6)に基づいている。

マニュファクチュアから機械制生産への移行はこの議論の出発点である。一九世紀の第三四半期において、生産テクノロジーの発展のきわだった特徴は、蒸気機関を動力とする機械制生産がいくつかの産業部門に普及したことである。ランデス（Landes, 1969）は、蒸気機関の普及曲線が一八四〇年代から一八七〇年代にかけて急上昇していると述べているが、この時期は、第二次あるいは第三次の機械化よりも第一次機械化が支配的な時期としてとらえられる。一連の漸進的イノベーションによって、蒸気機関の出力と効率は増加していくが、この技術変化の道は結局収穫逓減にぶつかった。世紀の変わり目の数十年は、内燃機関と電動機のもつ固有の優位性が、蒸気機関の地位を脅かし始めた時期であった。最終的に、電動機の方が、工場の原動機としては内燃機関よりも優ると考えられた。その理由はかなり複雑であるのでここでは触れないが、労働過程の発展にとって、このことのもつ意味は大きい。第一次機械化段階において、連続的に改良された製造技術の諸側面のうち、主なものは、加工のスピードと規模である。動力の増大は鉄の品質、潤滑技術、ボール・ベアリングにおける諸改良およびその他多数のイノベーションによって支えられた。（Landes, 1969：293）

加工のスピードと規模の増大は、国内での競争ならびに外国との競争によって促進されたのであるが、その結果、被加工物を各種加工作業間で運搬するための移動システムがしだいに不適切なものになり、問題となった。この状況は製造システムの発展におけるボトルネックのあらわれとしてとらえられるが、このボトルネックの解決に的をしぼって、発明およびイノベーションの努力がなされていく。こういった普遍的現象はローゼンバーグ（Rosenberg, 1976）によってもっと詳しく議論されている。ここではかれのいう「誘因 inducement と焦点を合わせる仕掛け focusing devices」のうち、二つをとりあげる。すなわち生産過程で相互に依存している諸部分のアンバランス、および経営者にとって機能障害になるにいたるまで生産過程をコントロールしている労働者集団である。アンバランスについては既に述べた。一例をあげると、ドイツの Platzarbeit システム〔作業機械の種別にしたがって異なる職場を設定する労働編成方式〕では、被加工物をひとつの機械職場から他の機械職場に運搬するのに、実際の加工時間以上の時間を要することもあった。

コントロールをめぐる全般的な闘争は二つの状況の結合から生じた。第一に、熟練機械工たちの交渉における地位は、かれらのもつ熟練とかれらの職務が客観的に重要であったことによって、かなりの部分を物的に支えられていた。第二に、この状況は、多くの産業において、部品間の互換性がないという技術的環境によって補強されていた。後者の問題は一連の工作機械のイノベーションによって次第に解決されつつあった（Landes, 1969：305-15）。コントロールの問題へのアプローチは、今日ではよく知られているテーラー主義をつうじてなされた。そして労働過程論が再生するきっかけとなったのはブレイヴァマンによるテーラー主義の説明である。システマティックな労働組織、部品の互換性、および被加工物のより効率的な運動を可能にする専用機、――以上の三つの結合が、「第二次機械化」として特徴づけられる労働過程変化の一段階をつくりだした。先に述べたように電動化の過程は、動力源としての電気のもつおおきな柔軟性と可動性の点で重要である。すなわち電動化によって、より多くの機械をより自由に配置することが可能になり、その結果、作業場編成における制約のいくつかが緩和された。

ここで、わたしの見解は、この時期を「第二次産業革命」とみる伝統的な解釈とは異なることを強調しておかねばならない。すなわち、技術的組織的変化は単に良質の鉄、電気等の「出現」だけの結果ではない。労働過程とその構成要素たるテクノロジーのそれまでの発展は独自なボトルネックとアンバランスをつくりだした。このボトルネックとアンバランスが良質の鉄、電気の応用形態を決定し、技術的組織的変化はこの応用の結果でもあるのだ。

第二次機械化の二つの古典的形態は、「連続的フロー」産業とアセンブリーライン・システムである。これらは戦間期のアメリカで大いに普及した。ヨーロッパではこれらの普及はかなり制約されたが、その役割、特に比較的新しい産業における役割は明白であった。耐久消費財のマス・マーケットが生まれたことは、この過程にとって大きな刺激となった。この時期の、供給面の変化と需要面の変化との相互作用はアグリエッタ（Aglietta, 1979）の研究で特に強調されている。第二次世界大戦が第二次機械化の深化と普及にとって大きな弾みとなったことは明らかである。ヨーロッパでは特に戦後のブームを介して、これらの生産システムは新旧諸産業へといっそう普及していった。しかしながら同時に第二次機械化に独自な限界もあらわれ始めた。

先進的な第二次機械化の多くの事例において、コントロールの機械化水準の上昇、すなわち第三次機械化が起こった。しかしこの上昇は限定的かつ特殊な性質をもつ場合が多かった。一般にコントロールの機械化は「専用的」であった。すなわち、コントロール機能はシステム内部に装備されたが、それは単一製品あるいは限定的諸製品の大量生産向けに設計されていた。わかりやすい事例では、被加工物投入による機械の起動があげられる。この場合、メカニカルセンサーは一定の形状をもつ特定の対象物が投入されたときのみ、機能する。この特徴のために、第二次機械化はしばしば「硬直的」あるいは「専用的」オートメーションとして考えられる。テクノロジー自体において、また労働過程の広いコンテクストにおいて、次のボトルネックとなるのは、この硬直性である。そしてこのボトルネックの解消にむけて発明の努力が集中されるようになった。

この硬直性の技術的解決策は、今では周知の事柄となっているが、その端緒は一九三〇年代の数学的発見と、一九四〇年代および五〇年代の発明やイノベーションにある。すなわち機械の数値制御（ロボットを含む）、コンピュータによるプロセスコントロール、および容易に再プログラミングが可能な多くの特殊なコントロールシステムや操作システムである。硬直性の組織的解決策の特徴づけはもっと困難である。その最も一般的な形態は、労働者についてより大きなフレキシビリティを確保しようとする経営者の試みである。この結果、労働者はより互換的になり、職務配置の変更が可能になる。

アグリエッタらはこのような技術的変化と組織的変化の結合を、労働過程における新しい管理戦略として特徴づけ、「ネオ・フォーデズム」と呼ぶ。これまで述べてきた議論の文脈では、このようなトレンドは第三次機械化の発展として総括できる。そして、これは第二次機械化体制の部分的改良にともなう収穫逓減への対応として位置づけられる。右の分析は最も一般的水準で、簡略な形で述べられているのだということを補足しておかねばならない。特定の時期の特定の産業においては、各次元の機械化の発展は、もちろん、その特定の環境条件に対応して独自の形態をもつ。もっともわかりやすい例としては、諸産業はその経験を生産装置の中にとりいれていくが、そのような旧式の諸産業のもつ多くの経験をもとに新しい産業が出現することがある。しかし資本財産業における技術変化の方向性および産出構成の観点からは、右の分析は、解釈の有効なフレームワークであると考えられるだろう。この有効性の点において、この分析は第3節で長期波動論に寄与するだろう。

本節では、機械化の発展の歴史的構造を総括するために、右に述べた機械化の解釈から導かれる技術変化の性格に関して、いくつかの簡単な考察をしておこう。

もちろん、生産における実際の技術的諸問題の解決については、純粋に思わざる発見《セレンディピティ》とみなされるようないくつかの実質的要素があることは否定できない。しかしながらかれらが解く諸問題それ自体については内生的なものとしてとらえるべきである。もうひとつの考え方は、素朴なテクノロジー―プッシュ理論であるが、この考え方は、イノベーションに関する多くの実証的事実と明らかに背反する。先の説明は次のことを示唆している。資本財の場合にはイノベーションの誘発過程は、既存の研究でいわれているような双方向の「要素代替」過程よりも複雑である。短期的には、以下にあげる誘因のすべてまたは一部が、経営者による生産プロセス・イノベーションの追求過程をつくりあげていると考えられる。

（一）生産プロセスの一工程に従事する労働量が比率として過大な場合、この工程の作業に対して、機械化努力が傾注されることがある。

（二）労働過程の特定部分において、作業速度、方法、質にたいする経営側のコントロールが不適切な場合、この部分に対して、機械化努力が傾注される。

（三）右の（一）（二）とも、経営者の実際の行動においては、労働市場条件、需要条件および競争諸企業の行動によって修正される。

明らかに、これらのメカニズムは次のように作用するだろう。短期的には、既存体制のもとで労働生

表 1

	第一次機械化	第二次機械化	第三次機械化
1850			
	開始		
1875			
1900	諸部門への普及と技術的成熟	開始	
1925		いくつかの部門でかなり普及、技術的成熟度の増加	フレキシブルでない形態でのみ存在
1950	継続しているが、ますます第二次、第三次機械化と併合するようになる	広範囲の産業にわたって普及	いくつかの産業で開始、さらにフレキシブルになる
1975			フレキシビリティの増大

産性や労働過程コントロールを部分的に改良することのほうが、根本的に新しい技術的体制を追求することよりも、優先されるであろう。しかし、ヴォルフ法則 Wolff's Law の作用によって、長期的には、既存の技術的体制の改良を追求するときの機会コストは、より根本的解決を追求するときの機会コストと等しくなるかあるいは凌駕するようになっていくだろう。

技術変化についてのこのような見方は、ネルソン＝ウィンター（Nelson and Winter, 1977）がイノベーション行動モデルと企業行動理論を統合する試みの中で展開した「ナチュラル・トラジェクトリー」および「選択環境 selection environments」理論に密接に関連している。以上の短い理論的考察は次のことを示唆している。誘発されるイノベーションは、少なくとも資本財に関する限り、第一にミクロ経済的現象として考察されるべきである。さらに労働過程は、企業とその環境条件に関する狭義のコスト構造よりも、誘発されるイノベーションの性質を特徴づける際のコンテクストとして適切である。これらの点については、わたしは別の論文（Coombs, 1982）で詳しく展開している。労働過程における機械化の全般的な展開は、**表1**にまとめられている。

さらに分析を進めると、次の二点が注目に値する。第一に、先に述べた労働過程の変化の諸段階と、「長期波動」論者が提示している時期区分との間に広範囲にわたる連関が存在することである。長期波動の「上昇運動」の期間に、各次元の機械化の開始という第一局面が位置している。一方、「下降運動」の期間に、各次元の機械化の普及という第二局面が位置している。一九〇〇年以降は、各次元の変化は重なりあっている。このことから、第二の注目点が導かれる。「オートメーション」現象は——一九四〇年代と一九五〇年代の技術変化に特に着目することによって説明されるが、またそのとき以来ますます広汎に議論されるようになったのであるが——実際には一つの現象ではなく、二つの現象なのである。すなわち第二次機械化の普及とフレキシブルな第三次機械化の開始の同時的進行なのである。第二の注目点についてはこれから説明するデータによって鮮明になる。また第一の注目点については、第3節で議論する。

2　資本財産出構成に関するデータ

先に述べたオートメーションに関する議論の主要な難点は、量的計測が困難なことであった。すでに述べたように、問題のひとつは、適切な定義を確立することである。オートメーションを第一次、第二次および第三次機械化に分解することによって、問題は部分的に解決された。もうひとつの問題は、異なるテクノロジーが使われている異なる産業では機械化は異なる意味をもつということである。しかし、再び、加工、移動およびコントロールという総称的工程区分をつかうことによって、この問題はいくらか解決に近づく。

これから示すデータは、戦後期のイギリスとアメリカの第二次および第三次機械化に関するデータである。生産統計の機械部門のデータのうち最も原データに近いものを吟味し、各種の機械を四種のカテゴリーのどれかに分類することによって、これらのデータはつくりだされた。したがって、これらのデータは、資本財生産に関する各カテゴリー別構成比の時系列変化を示している。これらのデータはわたしの以前の研究（Coombs, 1981）で示したデータにとってかわるものである。以前の研究では第二次機械化と第三次機械化とは区分されていなかった。各カテゴリーに分類された機械の一覧は非常に膨大で、ほとんどすべての産業部門の装置を網羅している。それゆえここで詳細に全データを提示することは不可能である。（Coombs, 1982 : Ch. 5）

集計表（表2、表3）は各カテゴリー別の生産額を示している。より細分化された多種の諸装置を四種のカテゴリーに集計した結果が、各項目の数値となっている。各カテゴリーは次の通りである。

MH　機械的移動

CF　連続的フロー

H　「硬直的」オートメーション

C　コントロール・テクノロジー

第1節の分析にしたがって、コントロール・テクノロジー以外の三つのカテゴリーは一つにまとめら

表2　アメリカの集計データ(単位　百万ドル)

	1947	1954	1958	1963	1967	1972
1. 機械総生産額	10019.7	14784.9	20339.2	26969.1	42677.1	53645.5
2. 硬直的オートメーション						
生産額	583.0	114.8	120.0	458.1	940.9	1293.7
構成比	0.6%	0.8%	0.6%	1.7%	2.2%	2.4%
3. 機械的移動						
生産額	356.8	418.6	1176.0	1590.5	2519.9	3289.4
構成比	3.6%	2.8%	5.8%	5.9%	5.9%	6.1%
4. 連続的フロー						
生産額	659.5	1046.7	1414.7	1954.9	3132.3	3703.0
構成比	6.6%	7.1%	6.9%	7.2%	7.3%	6.9%
5. コントロール						
生産額	340.2	617.8	856.1	3751.1	6301.1	8708.3
構成比	3.4%	4.2%	4.2%	13.9%	14.8%	16.2%
6. 構成比計(2+3+4+5)	14.2%	14.9%	17.5%	28.7%	30.2%	31.6%
7. 構成比小計(2+3+4)	10.8%	10.7%	13.3%	14.8%	15.4%	15.4%

表3　イギリスの集計データ(単位　百万ポンド)

	1954	1958	1963	1968	1972	1975	1979
1. 機械総生産額	1401.9	1894.0	2214.5	3247.6	4242.6	7686.7	12977.6
2. 硬直的オートメーション							
生産額	25.5	36.7	55.2	87.3	108.5	202.5	367.3
構成比	1.8%	1.9%	2.5%	2.7%	2.6%	2.6%	2.8%
3. 機械的移動							
生産額	41.0	62.9	113.7	187.0	291.5	619.9	1088.9
構成比	2.9%	3.3%	5.1%	5.8%	6.9%	8.1%	8.4%
4. 連続的フロー							
生産額	147.2	190.5	188.3	247.5	332.9	580.7	903.4
構成比	10.5%	10.1%	8.5%	7.6%	7.8%	7.6%	7.0%
5. コントロール							
生産額	9.5	30.9	91.6	234.9	593.7	876.6	1829.4
構成比	0.7%	1.6%	4.1%	7.2%	14.0%	11.4%	14.1%
6. 構成比計(2+3+4+5)	15.9%	16.9%	20.2%	23.3%	31.3%	29.7%	33.3%
7. 構成比小計(2+3+4)	15.2%	15.3%	16.1%	16.1%	17.3%	18.3%	18.2%

図1　アメリカのデータ

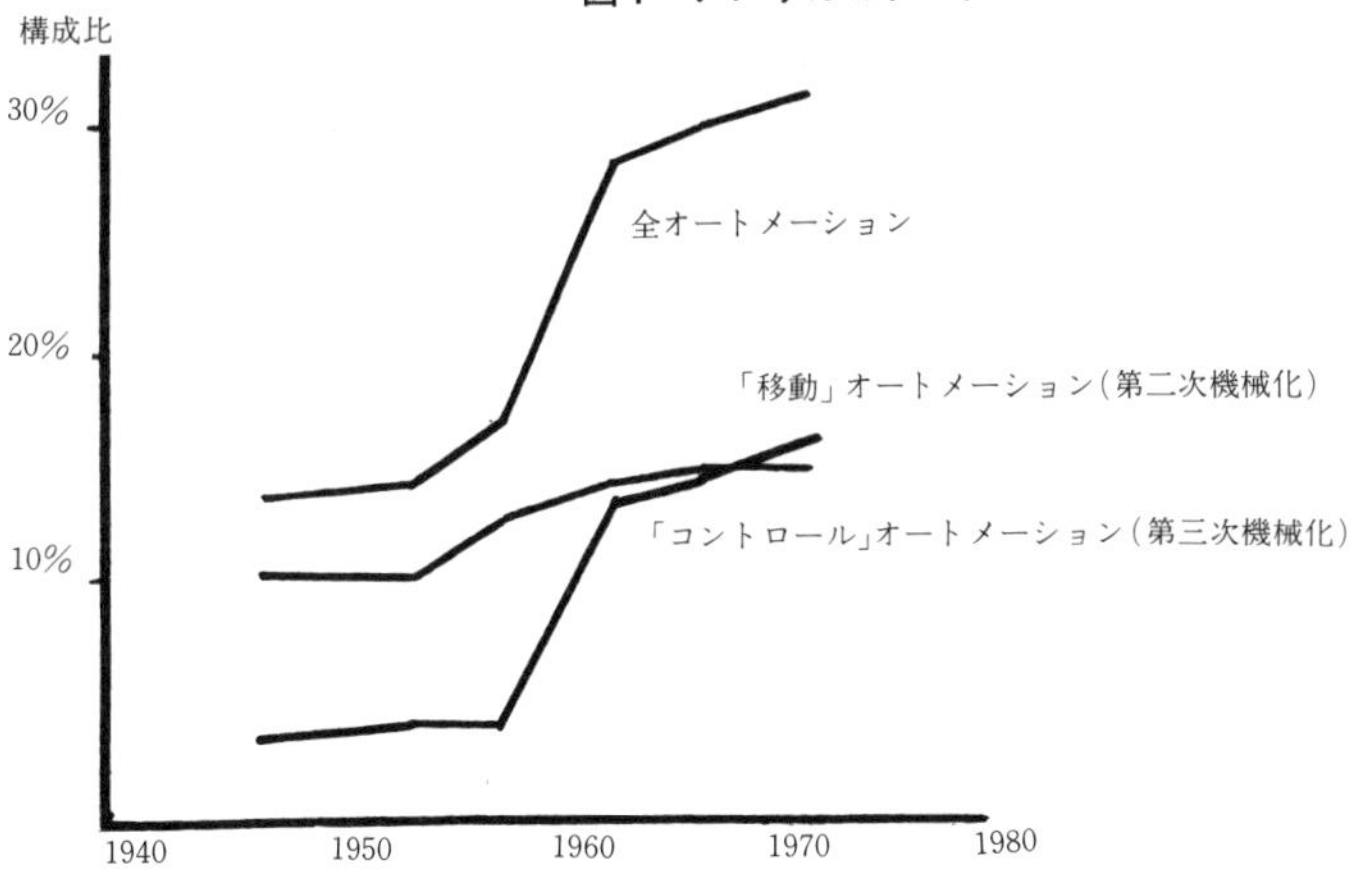

図2　イギリスのデータ

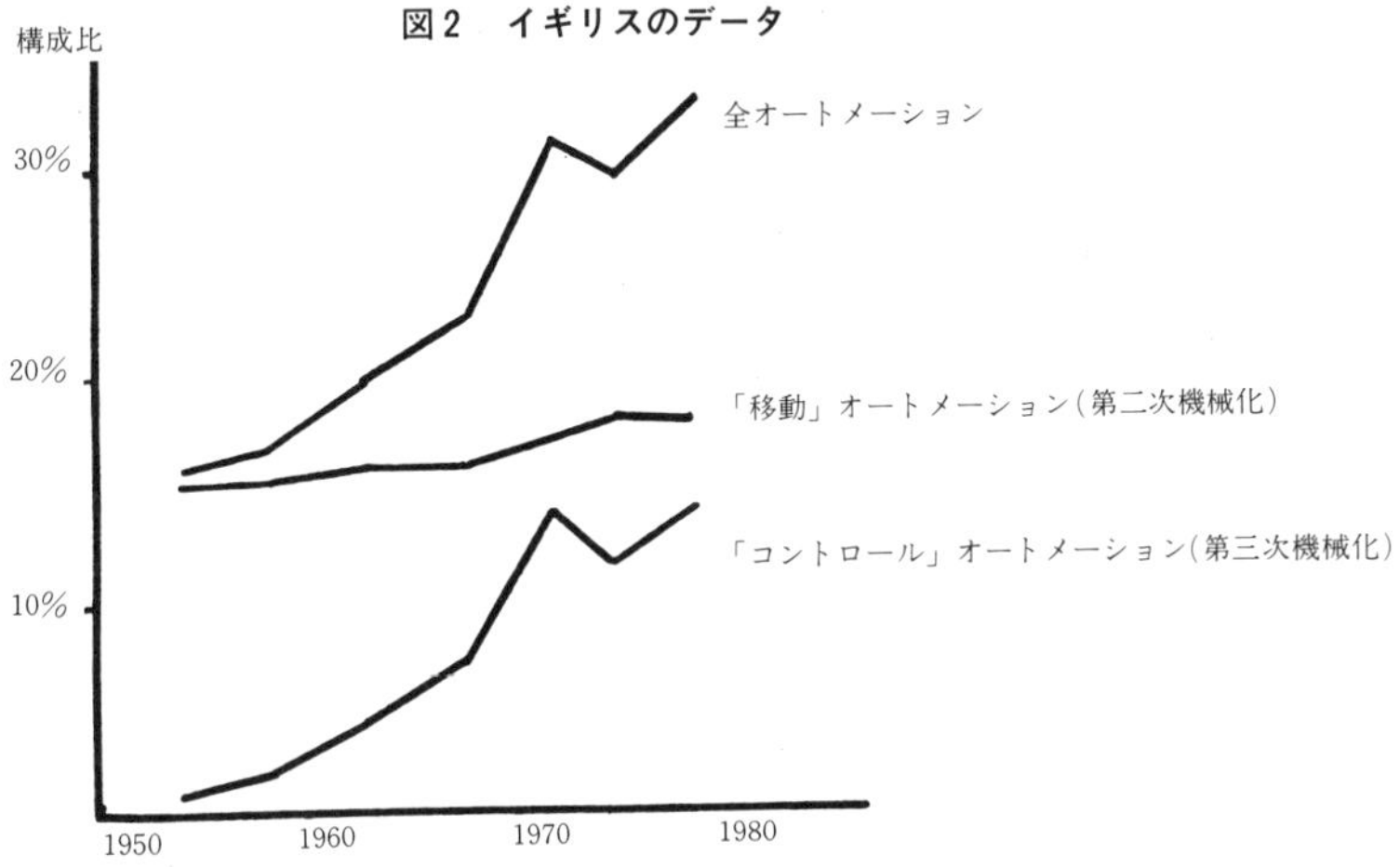

れ、第二次機械化曲線として、図1および図2に描かれている。コントロール・テクノロジーは第三次機械化をあらわしている。「全オートメーション」と付記された曲線は、第二次機械化と第三次機械化の合計である。

これらのデータから、イギリス、アメリカに共通して、以下のことが指摘できる。第二次機械化は、戦後初期においてすでに資本財生産額のかなりの部分（一〇〜一五％）を占めている。また戦後のブームを通じて、その増加は緩やかである。これと対照的に、第三次機械化は、ゼロからスタートして第二次機械化の水準にほぼ達するまで、急速に増加している。第二次機械化と第三次機械化の合計は、資本財生産額の三〇％強を占めるまでに増えている。したがって、これらのデータによって、第1節で述べた見解が裏付けられる。戦後のオートメーションは、事実として、二つのまったく異なる現象の同時的進行であった。すなわち、完成の域に達した移動テクノロジーは多数の産業、地域に普及していった。コントロール・テクノロジーは新たに発展しはじめ、比較的少数の産業、地域に普及していった。両者の普及の勢いは一九七〇年代には緩慢になった。また、第三次機械化の増加は、イギリスよりもアメリカのほうが、時期的に早いことも重要である。

戦後の機械化と長期波動

以上の分析とデータをつかって、長期波動理論におけるオートメーションの役割を明らかにすることが可能である。先のデータは、戦後のブームにおいて移動テクノロジーとコントロール・テクノロジーの実質的普及がおきたことを示している。十分なデータは示されていないが、これと同様なことをマンデル（Mandel, 1975）は述べており、戦後の長期波動の上昇運動に関するかれの説明の中心部分をなしている。フリーマンら（Freeman et al., 1982）もまた、技術変化の中心的役割を主張しているが、かれらの見解はかなりマンデルの見解と異なっている。これらの研究は長期波動をきわめて明瞭に説明しているが、両者の理論にはなおいくつかの問題が残されている。本節では、この二つの理論を要約、比較し、先に述べたオートメーションに関する分析をつかって、両者の理論的立場を敷衍し、部分的総合をおこなう。長期波動に関する文献は今日では非常に多く、その様々な諸理論をここで完全に報告することはできない。読者はデルベク（Delbeke, 1981）、エクルンド（Eklund, 1980）およびウォーラーステイン（Wallerstein, 1979）の展望論文を参照されたい。メンシュ（Mensch, 1979）とクラインクネヒト（Kleinknecht, 1981）の「イノベーションの群生 clustering」理論については、それがフリーマンとマンデルの研究にあらわれる場合を除いて、直接には参照しない。

フリーマンおよびかれの共同研究者による研究では、長期波動の説明は、イノベーションは不況期に一群となって生じるというメンシュの仮説を否定するところから始まる。かれらは次のように論じている。不況期には研究開発活動と投資が減退するので、メンシュの仮説は理論的にも間違っている。また、メンシュ自身のデータによっても裏付けられない、と。以上から、イノベーションおよび長期波動の下方転換点に関するフリーマンらの見解は、本質的にシュンペーター的であると考えられる。すなわち、イノベーションそれ自体は、思わざる発見であり、外生的なものとみなされる。決定的なものは投資と普及の波である。かれらは次のように主張する。長期波動の上昇運動は、技術的に関連する多数の新製品および新工程の普及によって特徴づけられる。そして、この普及には、新企業あるいは企業内の新部署の出現がともなう。かれらは、これを「新テクノロジー・システム」とよぶ。

フリーマンの見方では、経済におけるこれらの新しい部門は、マクロ経済システムのバランスを、拡張的でかつ完全雇用をともなう成長軌道にのせる能力をもつ。この成長軌道は生産性成長と需要成長との間の好循環をそなえている。耐久消費財をめぐる第二の「ブーム」はいったん停滞しかけた波動を再び加速した。この加速に貢献したのは、戦後の長期波動の上昇運動の期間においてエレクトロニクスと化学の進歩から生まれた多くの諸部門である。しかしながら、結局のところ、この加速は必然的に鎮静していくものと見られている。

上昇運動の減速は多くの要因に基づいている。新しい諸部門における市場の成長は最終的に限界に達する。独占利潤は競争の激化によってなくなる。資本市場と労働市場の硬直性は長期的にはインフレーションを生み出す。そして制度上の諸対策はデフレーションをもたらす。第二の「新テクノロジー・システム」を欠いた状況のもとでは、成長率の低下とインフレーションの増加とが結びつき、スタグフレーションがおこり、最終的には景気後退に至る。この過程を通じて、コスト圧力の増大と新部門の規模の増大とが技術変化に対する労働節約バイアスを生みだすことを、フリーマンは指摘している。それゆえかれは、機械化を景気後退によって強化される現象とみなしている。しかしかれは、機械化がまとう技術的形態については言及していない。また長期波動メカニズムの一部としての機械化、資本財のイノベーションおよび新テクノロジー・システムの間に関連があるかどうかについても言及していない。

しかしながら、先に述べたような労働過程での闘争が激化していくこの一連の期間についていくつかの特徴をフリーマンらは指摘している。長期波動の下降運動における変化に影響を及ぼす諸要因の社会

―政治的性格については、フリーマンらも認識している。かれらはメンシュの不況トリガー説には賛同しないが、下降運動期におこりうる極端な社会的困難と闘争によって、「間接的な」不況トリガー現象が生じることがあると、かれらは指摘する（Clark et al., 1980 : 26)。この考え方によると、あらゆる種類の根本的変化に対する障壁が引き下げられるのは、経済的行き詰まりを社会―政治レベルで突破しようとする意志によってである。政治的変化によって可能となる労働過程変化の形態がいくつかあるということは、事実である。わかりやすい例は、ナチス支配下のドイツ経済に見出される。また別の例は、連合国の戦時経済に見出される。

もちろん、長期波動の下方転換点で、第二次世界大戦の果たした役割は明らかに決定的である。だからフリーマンらが、この転換点のより詳しいメカニズムや純粋な経済構造さえ提示していないのも、もっともである。再軍備の影響は、一九三〇年代半ば以降重要になった。世界大戦というこれほど圧倒的な社会―政治的および偶然的要因が存在するのに、不況から抜け出し繁栄に至る二〇年の運動を説明するための第一要因として、背後にあるいくつかの経済的運動を主張するのは、かなり大胆な理論かもしれない。しかし、第二次世界大戦は、フリーマンが技術変化に対する「間接的な不況トリガー」効果の一要素として指摘した、より広い環境条件と明らかに結びついている。すなわち、最終的な戦争への突入において重要となる政治の流れと、一九二〇年代、三〇年代の経済的環境に起因する階級闘争との結びつきは、複雑ではあるが、直接的である。また、これらの諸闘争は、労働過程の性格をめぐって集中的に展開される要素をもっていたことも真実であろう。

フリーマンの研究と労働過程変化の問題との関連をまとめるならば、以下の点が特筆すべきである。

第一に、フリーマンのモデルにおける上方転換点の性格は、労働過程での闘争がしだいに激化していく体制への移行という考え方と密接に関連している。第二に、下方転換点の問題はかなり複雑である。メンシュが主張する技術変化に対する不況トリガー作用をフリーマンは否定するが、この否定は次のような見方によって補なわれている。すなわち――かれは、詳述していないが――長期波動のあらゆる点のうちで、社会―政治的次元の影響が最も大きいのは下方転換点であるという見方である。第1節と第2節で述べた労働過程変化の諸段階の分析は、下方転換点の性格を明らかにするかもしれない。逆に、この分析がメンシュの不況トリガー・アプローチを裏付ける可能性も、同様にありうる。例えば、プロダクト・イノベーションよりもプロセス・イノベーションのほうが、不況によって、より強く効果的にひきおこされると考えられるかもしれない。なぜなら既存の技術体制の部分的改良にともなう収穫逓減という障壁を突破できるのは、プロセス・イノベーションであるからである。しかし、フリーマンが指摘するように、根本的なプロセス・イノベーションはしばしば本格的なプロダクト・イノベーションのあとにおきる。これによって問題はさらに複雑になる。下方転換点のメカニズムの問題は、上方転換点のそれよりも、本質的に、複雑であると考えられる。

この問題の基礎には、この過程の硬直性あるいは偶然性の問題がある。一つの極論は、現象にはいくつかの自然必然性があるという考え方である。しかし、逆説的なことには、自然必然性メカニズムを主張する人々が、他方で、意識的なイノベーション促進策によって過程の進行を短縮できると提案する。もうひとつの極論としては、次のような見解があげられる。不況の社会―政治的次元を混乱させ、いかなる純経済的諸関係や純技術的諸関係をも無視し、その結果として、われわれを偶発的な歴史分析の領域に閉じこめてしまう考え方である。このふたつの考え方の対立は、その生誕以来、コンドラチェフ波動をめぐる議論の中心にあるものの一つである。後にマンデル（Mandel, 1975）とデイ（Day, 1976）がとりあげた、コンドラチェフ—トロツキー論争はこの点をめぐるものである。長期波動はサイクルなのか、それともサイクルとみなすことを不可能にするような、十分に異なる特徴をもつ諸時期の連続なのか。

マンデルの分析はフリーマンの分析とはまったく異なっている。かれの分析はマルクス経済学の伝統の中に深く位置しており、かれが提示しているメカニズムの実質的部分は、マルクスが提示した短期サイクルと似た再投資サイクルである。しかし、マンデルは次のことを示唆している。資本財産業における主要な「テクノロジー革命」は周期的に起こり、そして、それは短期サイクルの連続の中におさまるものではありえない。したがって多数の短期サイクルにまたがって資金準備が形成され、最終的に長期波動の上昇運動に対する刺激のひとつになる。しかしながら、主要な刺激となるのは、社会—政治的諸条件の変化によって大きく左右される長期利潤率の見通しである。それゆえ、マンデルもまた、長期波動の下方転換点を歴史的に偶発的なものと考えている。しかし、分析の階級的—政治的フレームワークは保持している。三つの長期波動の上昇運動（一八五〇—七六、一八九六—一九一四、一九四五—六七年）に関するかれの技術的分析は、蒸気機関を動力とする機械の、蒸気機関を動力とする生産、電化と内燃機関、および「オートメーション」に集中している。オートメーションは、マンデルの場合、機械的移動と電子制御およびコンピュータ制御を意味している。これが機械化の二つの異なる側面を混同するものであることについては、すでに指摘した通りである。

しかし、マンデルの関心が、資本財産業における技術変化に集中していることによって、「テクノロジー革命」に関するかれの理論を、先に提示した労働過程変化の分析と結びつける余地があることも明らかである。特に、マンデルの最近の研究（Mandel, 1980, 1981）には、先に述べたフリーマンの議論に関係した多くの叙述がある。第一に、長期波動の上方転換点は本質的に経済学的意味で内生的であるが、下方転換点は外生的、政治的、偶発的である（Mandel, 1980：21）と考える点についてはマンデルはフリーマンと同じ考え方をしている。実際、マンデルは、長期波動の下降の結果を決定づけることにおいて、階級闘争の相対的自律性をかなり強調するようになった（Mandel, 1980：50）。この論点は『後期資本主義』（Mandel, 1975）においては、これほど詳述、強調されてはいなかった。

しかし、奇妙なことにかれは、不況トリガー効果によるイノベーションの群生についてのメンシュの考え方を安易に受け入れている。そしてフリーマンらによってなされたメンシュの分析に対するきびしい批判を、明らかに認識していない。にもかかわらず、イノベーションは次の上昇運動をひきおこさないことをマンデルは強調する。かれの見方では、イノベーションの役割はせいぜい上昇運動を可能にするだけである。マンデルがメンシュの考え方について深い議論を行っていないことを考慮するならば、マンデルは、理論的な統一を試みることなく、単に、イノベーションの群生という考え方を、長期波動論一般の立場にとって都合のよい証拠として使っているにすぎないと考えられる。

しかし、長期波動の中で生ずる労働過程変化に関するマンデルの最近の分析の中には、本論文の議論に関わる新しい観点がある。階級闘争の相対的自律性についての、また不況の解決策がまったく予測できない状況における階級闘争の果たす役割についてのかれの主張の一部として、かれは、不況期を「労働編成方式」をめぐる階級闘争の時期とみなしている。

> われわれが強調したいのは、労働過程における革命的変容の諸結果ではなく、むしろ諸原因である。われわれの考えでは、この変容は、先行する期間中に剰余価値率増大がますます困難になっていくのを資本が打破しようと試みることから生じる。それによって、再び、資本蓄積のリズミカルな長期運動と、労働編成における根本的変化にむけて増大（あるいは減少）する圧力とが、直接的に結びつけられる。（Mandel, 1980：43-44）

さらに、かれは、テーラー主義は熟練労働者が労働過程のコントロールをほしいままにしていたことへの対応であると述べている。またかれは、「第三次テクノロジー革命」（オートメーション）は、戦間期以降普及したベルトコンベア式生産システムに対して、労働者がある程度のコントロールをおよぼしうるようになったことへの対応であると考えている。マンデルが『後期資本主義』においてかれの長期波動理論を初めて定式化した後に、ブレイヴァマンの研究をきっかけとする労働過程論争が起きたことから、マンデルの観点の右に述べたような変化は、ブレイヴァマンの研究が影響していると考えられうる。

第1節、第2節で述べたデータや議論に照らしてみると、「テクノロジー革命」概念と、労働過程の歴史についてのかれの簡単な観察とが容易にかみ合うと考えている点において、マンデルは明らかに、場当たり的すぎる。戦後において、マンデルが「オートメーション」とおよび、「第三次テクノロジー革命」の一部に位置づけているテクノロジーは、かれが考えているようなものではない。すなわち、テーラー化された脱手工業的過程において労働者がもつコントロール力を解体することだけをねらった単一の傾向として、戦後のテクノロジーはとらえられない。実際、この一群のテクノロジーは二つの局面を含む。一つは、移動に関わる第二次機械化テクノロジーの普及が成熟していく局面である。もう一つは、狭義の技術的意味でのフレキシブルなコントロールに関わる第三次機械化テクノロジーが初期の急成長をとげる局面である。しかし、上昇運動を新テクノロジーと新労働過程の実験の時期とみる点において、および下降運動をそれに続く普及の時期とみる点において、マンデルは、このような戦後テクノロジーについてのわたしの見解と一致している。(また、ある程度、フリーマンの見解の含意とも一致している。)しかしながら、普及局面は実質的に次の上昇運動期にもまたがっており、別の変化の実験局面と重複していることも事実である。二組の機械化普及過程のこの重複と相互結合は、上昇運動を特徴づける資本財産業の拡張をもたらす実質的力となっている。

以上、いくつかの長期波動理論を概観し、また、労働過程変化にともなう機械化を時期区分するという着想と長期波動理論との相互作用について検討してきた。ここで、わたしの分析によって、長期波動理論に付け加えることが可能になったことがらに関して、いくつかの結論をまとめておこう。

1　不況期に、「間接的なトリガー」メカニズムがはたらく可能性について、本論文で述べたわたしの見解、マンデルの見解、およびフリーマンらの見解は一致している。マンデルはこのことを、経済―社会生活の全側面におよぶ階級闘争、しかも労働過程に集中して展開されるという特殊要素をもつ階級闘争として、きわめて明示的に提示する。この階級闘争が、根本的な技術的・組織的変化の追求をもたらすのである。フリーマンはマンデルほど明示的ではないが、不況期に社会―経済構造の「動揺」が増すことが、より根本的なイノベーションを可能にする要因であると考えている。わたしも本論文で、収穫逓減および機会コスト変化の状況下での、旧い生産体制から新しい生産体制への移行について詳しく解明することを主眼としてきた。この第一の一致点がもたらす明白な結論は、下方転換点は不確定なものであり、政治的性質を有し、さらにその焦点は、単に飽和した製品市場にあるのではなく、むしろ、生産技術および生産方法にあるということである。

2　また、「直接的なトリガー効果」説とわたしの見解との間にもいくつかの一致点がある。しかしこの一致は、資本財部門に限定したトリガー効果についての、ごくごく部分的な一致にすぎない。またそうしたイノベーションの必然的生成という点での一致ではなく、むしろ労働過程の根本的イノベーションの誘因やコストが相対的にシフトするという点での一致にすぎない。この誘因によって、あるいは不況期の成熟した技術体制のもつ焦点化メカニズムによって、ある問題に光があてられることになるとしても、その問題の実際の技術的解決の出現は、予測不可能であり、思わざる発見であるという認識は重要である。

にもかかわらず、次のことは大変興味深い。その後の電子制御機器の発展の基盤となった、制御理論の数学的、解析的基礎づけは、ナイキストとハーゼンによって一九三〇年代初頭に飛躍的におし進められた。閉ループシステムの周波数応答に関するかれらの研究の背後にある動機（もし、あるとすれば）についてはほとんどわかっていない。しかし、今日の制御理論の研究者たちが、単なる「シーケンス・コントロールによる機械化」から「真のオートメーション」への移行に関するひとつの重要な研究として、ナイキストらの研究をみていることは明らかである（Healey, 1967：Ch.1）。「シーケンス・コントロールによる機械化」と「真のオートメーション」の区別は、本論文で使った用語でいえば、「硬直的オートメーション」あるいは「第二次機械化」と、コントロールの機械化あるいは「第三次機械化」との区別に対応している。

したがって、イノベーションの群生に関する説得力の弱まった説明と、普及の群生に関するより強力な説明とを総合できるかもしれない。

3　右の1と2で述べたことはともに、次のことを示唆している。長期波動の下方転換点の前後の時期において、資本財部門に関するいくつかの基礎的経済指標を検討することは興味深いことかもしれない。機械工業の利潤率と付加価値に関するデータは、この部門における景気予想の上昇転換が、長期波動の上昇転換の第一の指標になりうることを示している（Coombs, 1981）。

4　第四の結論は次の点である。長期波動の上昇運動において、プロセス・イノベーションについては、イノベーションの群生と普及過程の群生がありうるかもしれない。クラインクネヒト（Kleinknecht, 1981）はこの一群のイノベーションを「繁栄主導型 prosperity-pull」イノベーションとよび、フリーマンはこれを、上昇運動にともない新産業がそのライフサイクルの高成長段階にはいった結果として、規模が増大し、競争が激化したことへの対応と考えている。第2節のデータは、戦後の上昇運動期においてプロセス・イノベーションの普及が急速であったことを示している。さらに、いくつかのイノベーション、特に第三次機械化に関わるイノベーションの普及は、一九五〇年代末から六〇年代初めにかけて、ほとんどゼロから始まっている。このことは、いくつかのイノベーションはそれ自体戦後に生まれたことを示唆している。上昇運動の後半において、そうしたプロセス・イノベーションは、規模拡大投資から合理化投資への投資行動の全般的移行の一環であるとフリーマンらは考えている。さらにこれは雇用の減少を招き、最終的に上昇運動を停止させる圧力につながる可能性をもつと考えている（Freeman et al., 1982 : Ch.8)。かれらはこの仮説を実証するのは難しいことを知っているが、本論文で提示したデータはかれらの仮説の部分的な裏付けになるだろう。まず、フリーマンらが提示した投資と雇用の変化についてのデータを示そう（表4）。これらのデータから次のことがわかる。イギリスでは一九六〇年代末まで、投資の持続的成長は雇用のマイナス成長をともなうものであった。この時期は、先に述べたテクノロジーが最も急速に普及していた時期、とりわけ、第三次機械化（コントロールの機械化）に関わるテクノロジーが最初に普及した時期とぴったり一致する。これらは明らかに労働節約をめざすテクノロジーであるので、投資が大量にこれらのテクノロジーに向けられはじめるとき、雇用は減少する。表4は、このことを明白に証拠しており、興味深い。さらに一九七〇年以降、雇用と投資がそろって減少したことは、資本財産出の一部としての機械化テクノロジーの成長が鈍化したことと対応しているように考えられる。このことは、これらの資本財部門において、他の諸産業で使われる労働節約型の装置の生産は続けながら、雇用創出投資が減少している事態を示唆しているといえよう。このような解釈はマンデルのモデルと一致すると考えられる。

以上の四点から導かれる結論は次の通りである。マンデルの長期波動論以外のすべての長期波動論は、プロセス・イノベーションを、副次的役割あるいは派生的性格を有するものとしてかたづけてしまっている。かれらは本質的に、プロセス・イノベーションを、新産業あるいは新製品のライフサイクルの推

表 4　製造業における投資と雇用の成長率　1960－75

（年成長率　単位　%）

		1960－65	1965－70	1970－75
イギリス	投資	3.7	4.2	－4.6
	雇用	0.3	－0.5	－2.1
アメリカ	投資	8.0	2.4	－2.2
	雇用	1.1	1.7	－0.7

出所：Freeman et al. (1982：158)

移のなかで偶然的に生ずるものとみなしている。フリーマンは、労働市場を介したインフレ圧力のマクロ経済的影響が労働節約的な技術変化をひきおこす可能性を考慮にいれている。しかしかれは、この可能性を全長期波動の主要な特徴とはとらえず、上昇運動および上方転換点の特徴としてしかとらえてない。マンデルはプロセス・イノベーションをかれの理論の核心に近い特徴としてとらえている。しかし、マンデルの初期の、なお最も決定的な定式化においては、プロセス・イノベーションに対する需要の変化の理論は存在しない。これは、後の理論的調整のなかで追加されたが、それも不完全なものであった。マンデルにとって、「テクノロジー革命」はなお本質的に副次的特徴を有し、利潤率の長期的推移という刺激の下で作用する経済的諸力の「媒体」としての役割しかもたない。

わたしは、相対的自律性を認める立場で、労働過程発展の特質と、根本的なプロセス・イノベーションへの潜在的需要に対して労働過程の発展がおよぼすインパクトを検討した。そしてわたしは、このプロセス・イノベーションのもつより微妙な——そしておそらく、より重要な——役割を提示してきた。プロセス・イノベーションおよびその普及期を、繁栄期の副次的側面であるか、あるいは資本財産業とって思わざる発見としての拡張手段であるかのどちらか一方であると考える必要はない。かわりに、われわれはプロセス・イノベーションを、二つの相互に補強しあう側面をもつひとつのより複雑な過程としてとらえることができるだろう。こうしたわたしの見解にしたがうと、労働過程総体と資本財産業の「関係」は、歴史発展の相対的に自律的な過程の基盤である。この歴史発展は部分的には比較的固有の諸特徴によって支配されるが、同時に、いささかゆるやかにではあるが長期波動メカニズムに接合されている。この接合は、生産諸部門の動態的成長をつうじて、ミクロ経済レベルにおいて存在し、また、一国の労働市場および階級闘争という媒介をつうじて、マクロ経済レベルで存在している。この見解は、必ずしも、長期波動モデルの理論的特徴づけを「窮屈にする」ものではないし、硬直的にするものでもない。また、この理論の「サイクル」的、あるいは「自然必然性」的特徴をよりきわだたせるものでもない。むしろこの見解は、相互に作用しあいながら下方転換点を規定している諸要素――この諸要素が長期波動の下方転換点を偶発的なものにし、かつ各波動および各国の独自な歴史的環境条件にたいして依存的なものにしている――の範囲をひろげるものである。

特に、次のことは言っておかねばならない。本論文であらましを述べた見解は、ひとつの波動の中の労働過程《プロセス》イノベーションのテクノロジー諸原理と、上昇運動にとって重要な成長の核になりうるプロダクト・イノベーションにおけるテクノロジー諸原理との間に、どんな必然的結びつきをも前提していない。しかし諸テクノロジーの間にある程度の重複がありうることを実証的に観察するのは、興味深いことである。一例をあげると、現在の長期波動において、エレクトロニクスは、プロダクト・イノベーションとプロセス・イノベーションとで、二重の役割を果たしている。個々の特殊なイノベーションに対置して、フリーマンは新テクノロジー・システムが上昇運動の生成の際、重要であると主張しているが、諸テクノロジーの重複という考え方はフリーマンのこの主張を補強するものである。

したがって、労働過程における技術変化の一部が、不況期に誘発される性質をもち、それが上昇運動のなかに放出されると考えられる。この考え方は、フリーマンの見解とは対照的である。フリーマンは、上昇運動を説明する際、イノベーションに対するシュモークラー型需要の影響を限定的なものとしており、シュンペーター的過程が不況期のイノベーションを支配すると主張している。わたしのこの考え方は、マンデルの見解とも対照的である。マンデルは最近まで「テクノロジー」革命の原因を問題視していなかった。したがって、この観点がないことによって、マンデルは粗野なシュンペータリアンであった。フリーマンとマンデルは異なる理由に基づいて、競い合って下方転換点における思わざる発見（一方は科学の、他方は政治の）を強調した。わたしは、かれらと原則において意見を異にしているのではなく、程度において異にしている。不況期の技術変化の過程は、原因や内容において完全にランダムなのではなく、機械化の諸段階――コントロールの機械化はその最も新しい段階である――の理解可能な連続の一部分なのである。しかし、わたしは、機械化の諸段階が長期波動メカニズムにとって「原動力」であるとは、いかなる意味でも考えていない。

（宇仁宏幸訳）

一七八〇年から二〇〇〇年までの長期波動の解釈のために

アンドリュー・ティルコート

まず、われわれは何を求めているのか。波動の決定因が時代を通じて同じままであるような理論でないことには間違いない。というのは、世界の諸経済は世界経済システムとともに根本的に変わったからである。実のところ、波動の力学がその始まりと終わりで全く同じなんて思いもよらないことなのだ。このことからあらゆる理論の定式化や検証が困難になるに違いないが、その意味するところは、波動の規模がそれほど不変なものと思ってはいけないということである。たしかに、谷からピークまでの高さは一定ではないし、おそらく時間の長さについてもそうであろう（但し、以下を参照せよ）。

次に、波動を「転換させる」ためにはどのような種類の変数が必要なのか。波動は（世界大の）経済拡張と蓄積の率によって規定されているから、最もありそうなメカニズムは、我々の「転換」変数が、経済成長と相互にゆっくりした負のフィードバック関係をつうじて作用しあうといったメカニズムである。つまり、高成長がXの変化を導き、次にはそれが低成長をもたらし、この低成長がXの逆の変化を誘発して、これが高成長を導く……というメカニズムである。幾分みじかめの正のフィードバック・ループが確認できればもっといい。それによって波動がいっそうはっきりするだろうから。

（概ね）この種のフィードバック・メカニズムがすでに二つ提唱されている。その第一のは、コンドラチェフ（Kondratieff,1935）によって言及されたものである。急速な拡張が（部分的には金産出が低下するという理由で）貨幣の不足を招き、これが利子率を引き上げ、利子率の上昇がこんどは成長を減速させる。下降転換によって信頼が損われるが、これは信用乗数を低下させて実際貨幣供給をいっそう削減させ、その結果、（実質）利子率が高位にとどまる。不況と景気回復はこれと正反対のプロセスになる。わたしの考えでは、このメカニズムはたしかに長期波動に相当な寄与をしているけれども、それだけでは波動を「転換」できない。むしろ、このメカニズムはますます政府やその他の諸機関の政策選択に依存するようになってきており、それら自身、もっと一般的なモデルの中で説明されるべきものとして残されたままなのである。

第二のフィードバック・メカニズムは最初シュンペーター（Schumpeter,1912；1939）によって提唱されたものだが、ここ十年、目立って支持されるようになった。それは、長期波動が技術進歩に作用するとともに技術進歩も長期波動に作用する、というメカニズムである。その一つのバリアントがメンシュ（Mensch, 1975）やクラインクネヒト（Kleinkneht, 1981）によって支持されているが、それは次のように作動する。

急速な拡張期において、技術革新は既成のプロセスや製品《プロダクト》の比較的マイナーな改良の形をとる傾向があり、需要がすみやかに増大するかぎりでその生産性や収益性が高いこともあるが、しかし長期的には枯渇へと向かい、需要不振期になると投資への刺激を止める。相対的収縮期にはプロセスや製品の根本的な変更を追求するほうがより魅力あるものとなる。この探索は実を結ぶまでには時間がかかり、新たな開発が採算にのって広範囲に採用されるまでにはさらに時間がかかるけれども、いったんそうなってしまえば次期の急速な拡張が促進される。

この見解はとりわけバン＝ドゥイン（van Duijn,1983）によって激しく批判されてきた。かれは、プロセス・イノベーションだけが下降によって刺激されるという。つまり需要不振期に企業はプロダクト・イノベーションを導入することに、概してそれほど乗り気ではないだろう。雇用を増加させると期待できるのはプロダクト・イノベーションだけであるから、この議論では、たとえそれが筋の通ったものだとしても、不況から景気回復への決定的転換が説明されないままなのである。

わたしのみるところ、経験的・理論的に最もしっかりと基礎づけられているのは、フリーマン、クラーク、ソエト（Freeman, Clark, Soete, 1982）やペレス（Perez, 1983）によって提唱された技術進歩メカニズムの第二のバリアントである。この学派にとって、技術進歩の最も重要な局面はイノベーションではなく、まして発明でもなく、普及である。つまり、新しい製品やプロセスが全般的に採用されることであり、それが結果として現実に経済的インパクトを与えるというのである。普及は非常に変化しやすいから普及を決定するものは何かと問い、その上で発明とイノベーションの決定因を考察することはいっそう道理にかなっている。ともかく、発明やイノベーションはメンシュやクラインクネヒトが信じているほどには経済情勢に対して感応的ではないのである。さらに、狭い意味の個別に数え上げられた技術進歩にではなく、新しい技術的「パラダイム」や「スタイル」を全体として構成する連合した技術と組織のイノベーションの群れに関心を向けるべきである。たとえば、「テーラー」主義やアセンブリー・ラインは、これに刺激されたプロダクト・イノベーションを加え、すべてが世紀の変わり目ごろ合衆国に出現した。（メンシュには気の毒だが）これらは中心国ないし中心諸国で、景気回復局面や好況局面において現れるものと予想できるのである。しかし、普及に関していえば、イノベーション過程にある国々は、国内外をとわず、制度的硬直性や、さらには下降期の不利な経済情勢によって妨げられる。不況のショックは時間の経過とともに新しいパラダイムの普及を加速させるような制度的変化をもたらす。これが経済情勢を改善し、次にはこの経済情勢がいっそう急速な普及、および、これと関連する「時流に乗った」イノベーションを促進する。景気回復が最高潮をむかえる。

かれらの言っていることに関するかぎりでわたしはその議論に全面的に賛成するけれども、かれらは決定的な問題を避けている。新しい「テクノロジカル・パラダイム」のすみやかな採用を妨げる制度的障害とは何か、それはどのようにして生じるのか。それらは不況のなかでどうやって除去されるのか。下降をスタートさせる経済情勢の悪化の原因は何か。世界経済の大部分が旧パラダイムによってセットされた「技術フロンティア」に達することからほど遠く、中心部の主導部分の方はまさに新しいフロンティア」に向かって出発しようとしているのだから、普及が急激に速度を落とさねばならなかった理由を知ることは難しい。不況を終わらせるものはいったい何なのか。より急速な普及はまったく制度的変化のせいなのか。

このような疑問を投げかける者が他にもいる。パリのCEPREMAPにいるボワイエ、リピエッツ、ミストラルが、フォード主義という概念を展開してきた。これは一方で、テーラー主義にアセンブリー・ラインを加えたものを指し、他方で、一九三〇年代と一九四〇年代に中心部経済で起こった価格決定と賃金決定の一定の変化と結びついたもので、かれらはこれが良好なマクロ経済的情勢を生じさせ維持するにあたって力があったと信じている。ペレス（1983）もいくつかの答えを出している。ここではこれらの貴重な貢献を評定する余地がない。したがってもっと一般的で広いと考えるわたし自身の解釈をそのまま次に示そう。

世界経済における（いろいろな種類の）不均等度というのがその中心にある。思いきって単純化すれば、急速な成長によって不均等度が増し、不均等度の増大が成長を減速させ、成長の減速が均等度を増大させてこれがもとの急速な成長を導く、というものである。この負のフィードバックは長期的なものである。短期的な正のフィードバック・ループもあり、上昇と下降を加速し長引かせるよう作用して、緩慢だが力強い負のフィードバックがそれを圧倒するまで続く。

成長が不均等性に与える影響

資本主義の下で市場諸力の作用に制約がなければ通常は不均等性を増す傾向をもつ、という命題から始めよう。持てるものに与えられるべし To him that hath, shall be given。国内では、富者は貧者に対し（物的資本とともに人的資本においても）その分より多くの投資をおこなうことによって優越性を増す。たとえかれらに有利にはたらくものが他になくてもジブラの法則がそう作動するだろう。地域間ではミュルダールの累積的因果法則が、より繁栄した地域のリードを増すよう作用する傾向がある（彼のバックウォッシュ効果はスプレッド効果よりも強力である）。中心諸国の間でもほとんど同じプロセスが主導国のリードを大きくしている（Tylecote, 1981：Ch. 5. 1）。そして、いうまでもなく、ミュルダールやかれに続く多くの人が示してきたように、様々な原因によって中心国と周辺国との間のギャップも開く傾向にある。

高度成長は、社会階級、地域、国家をとわず、トップにいる者たちに大きな利益をもたらすのと同時に、少なくとも短期的には、市場諸力の作用を山積みの底辺にいる者たちにとって許容できるものにした。このことが市場諸力への干渉を強めるあらゆる強力な圧力を防ぐのである。こうして周辺国は、伝統的な低技術の製品が有利だということに気づく。低技術の製品を生産する者はそうしつづけることに満足する。その繁栄によってかれらはその国でいっそうの権力を持つようになり、伝統的な生産パターンから抜け出そうという努力はほとんどされないだろう。（長い目でみれば、この保守主義はその国をいっそう貧しくする要因の一つである）。中心（およびその他の）諸国において、保護貿易政策は支持を失う。自由貿易の下で繁栄と完全雇用が手に入るとき、なぜ介入しなければならないのか。中心国の雇用成長は貧しい国から労働者を吸い込む。移民は母国での地位がどのようなものであれ、中心国の最下層労働力に参入する傾向があるから、これは中心国の現地人に対する自動昇進の「エスカレーター・プロセス」（Tylecote, 1981 : Ch. 3）を強める。それゆえ、中心国の現地人たちは、たとえ低報酬労働者の賃金がよくならなくても、その状況にいっそう満足するのである。同時に、この動きは周辺部や半周辺部における不満を弱め、その最良の労働者たちを引き揚げながらもそこの「保守主義」に寄与する。

見たところ現状には右派勢力を強めるというはっきりした政治的効果があるが、それはアイゼンハワーやアデナウアーといった人に代表される穏健な右派であって、ファシスト的もしくは反動的右派ではない（穏健な右派といったものの存在しないもっと周辺的な諸国を除く）。このような政治的要素は市場諸力を妨げるたちのものでは少しもない。さらに、不均等性に対して直接に影響を及ぼすような政策もいくつかあるだろうが、それらは再分配的な課税と支出を削減するものだろう。

不均等性が国際収支と成長に与える影響

最初のうちは、不均等性の増大によって世界システムは不均衡になるのではなく、よりダイナミックな均衡の方へと傾くのであり、これはいっそう急速な成長を可能にさえするだろう。富者がより高い限界貯蓄性向をもつというお馴染みのケインズ的公式によれば、富者に有利な再分配はあらゆる所定の所得水準において貯蓄に使用できる資産を増大させる。投資需要が十分にあるかぎり、それは資本蓄積率と成長率を高めるだろう。このことは国内レベルと同じように国際レベルにおいてもあてはまる。周辺部から中心部への再分配は周辺部での投資が十分にあり、中心部の資本所有者が進んで投資をそこに注ぎ込むかぎりにおいて周辺部での蓄積率を高める。

　これらの諸条件はさしあたって満たされている。急速な成長と高い需要圧力はそれ自体投資を刺激して好循環を描く。政治的安定とそれを司る穏健な保守派は投資家の信頼を増し、かれらの活動に対する障害を減らす。このことは中心部から（たいていは動乱を起こしている）周辺部や半周辺部への投資に関してとくに著しい。（実際、上昇の末期になるまでこの方面での投資はほとんど必要とされなかった。というのは、周辺部の製品への需要が大きいために収益が高く保たれ、国際収支が経常勘定で均衡を維持するからである）。しかも、「危機における改善」の結果広く利用できるようになった新しいテクノロジー「スタイル」を普及させ、拡張させるときには、まだ多くの投資がおこなわれるにちがいない。上昇期中に新しいテクノロジー「スタイル」から多くの新製品が「派生する」。これらのイノベーションが新しいうちは小規模に開発されるはずで、低い資本係数を示す。技術がよりありふれたものになるにつれ規模と資本係数が大きくなる。実際、それが生産性を増大させる主要な方法となるのである。科学的観点からすれば、これら末期の開発は比較的ささいなものであるが、たいていはきわめて急速に生産性を増大させ、需要が大きく拡大しつつある（そのうえ中心部での労働力不足という）状況では非常に収益の多いものとなりうることに注意せよ。そのとき企業がより基本的なイノベーションを探求する理由はほとんどなく、特に、企業がサイモンのいう意味で充足者 satisficier であると想定すれば、最初に見つけた満足のいく戦略を採用しがちなのである。

「よりダイナミックな」均衡は、それが促進する成長のタイプとスピードしだいでは不均衡への動きをただ速めるだけである。中心国内部で増大する不安定性を考えてみよう。生産の資本集約度の増大は、利潤率が一定であるかぎり、総産出に占める利潤の比率が高まることを意味する。これは貯蓄性向のいっそうの上昇を意味するが、それによってある点で所望の貯蓄が所望の投資を超過するにちがいない。原則的にはこの問題は次のことによって解決される。

(a)賃金率の上昇。これは同時に生産の見かけ上の資本集約度を（既に「体化」されている資本価値を下げることによって）低下させ、利潤率を切り下げる。それとともに

(b)実質利子率の下落。これによって総利潤のうち金利生活者の取り分がいっそう少なくなり、低い収益率しかあげない投資計画が企業にとって企てるに値するものとなる。

これらの調整はいずれも必要に応じて自動的に生ずるものではない。実際、ピークと下降初期の間にこれらが起こらないこと、とにかく必要な程度では起こらないことを証明することができる。最初に賃金率を取りあげよう。実質賃金の上昇がシステム全体としては利益であるにしても、当然ながら、個別企業はその賃金上昇に反対の考えをもつものである。企業は労働者の圧力によって強制されてはじめて

賃金を上げるだろう（一九世紀についてはマルクスの『資本論』を、二〇世紀についてはティルコート[Tylcote, 1981] を見よ）。しかしそのとき労働者は少なくとも企業あるいは国家レベルで圧力を行使するに十分なだけ組織されているだろう。だが、移民に起因するエスカレーター・プロセスや、おそらくは労働者階級の分断もあって、最近の繁栄は組合と左翼の弱体化を助長しているのである（Tylecote, 1981 : Ch. 3）。下降の当初のインパクトは著しく弱まっている。

利子率についてはもっと詳細な議論が必要である。ケインズに従って名目利子率が貨幣の需給によって決定されるものとみなそう。貨幣への需要が大きければそれだけ(1)産出水準が高く、(2)物価水準が高く、そして(3)利子率の上昇かもしくは金融資産振出人の債務不履行の見込みが大きくなる。間違いなく、産出水準はピークにおいて最高となるだろう。価格水準は第一次世界大戦、さらには第二次世界大戦にいたるまでも常に高かった。債務不履行は下降のペースが速まるにつれて生じ易くなるだろう。貨幣の供給は主に銀行の行動、とどのつまりは中央銀行の行動によって決定される。一九一四年以前には、代わってこれが金の供給によって厳格に支配されていた。金の供給は長期波動の谷で「ゴールド・ラッシュ」とともに周期的に激増したようだ。このことは容易に説明される。というのは、景気の谷では――金タームで計った物財の――一般物価水準は最低であり、したがって、物財タームでの金価格がこの時期に最高だったが、他方、そこではやけっぱちになって冒険的な事業に全てを賭ける人が多くなるのであって、金の探索もそのようなものに違いないからである。それゆえ、金は上昇期に最も多く供給され、下降期に最も少ないのである。そして一九一四年までは、供給との関係でみた貨幣需要が、コンドラチェフ自身が指摘したようにピークと下降初期に最大であり、名目利子率も最高だったことが容易に示される。残念ながら、下降が進むにつれ名目率の低下さえ認知実質率 perceived real rate を引き下げるに十分ではなくなったのだろう。換言すれば、名目率から予想価格を引いたものが上昇（高目に見積もられていた予想価格が低下）するということである。というのは、これまで述べてきたように、物価水準は下降期に下がり、上昇期に上がったからであり、この傾向が続くと予想されるかぎりでこれが名目率の低落を相殺するだろうからである。企業投資に最も関係しているのは認知実質利子率なのである。

一九一四年以来、中央銀行の金融政策は金供給とのつながりを弱め、一般的な政策的要請といっそう強く結びついてきた。われわれの見るところ、政策的要請のうちで最も重要なのはずっと国際収支の均衡であった。上昇とピークの間に起きた貿易と資本移動の自由化のために、各国はとりわけ「短期資本」の流出を通じて国際収支の不均衡のダメージを受け易くなった。これらの不均衡は各国間の不均等性が増大するときにいっそう深刻な問題となるのである。おそらく、短期資本の流出に対する最善の防御策は（相対的に）高い利子率であり、不安になった中央銀行がそのために貨幣供給を引き締めることである。このような行動は軍拡競争のように、やすやすと競争的になり累積化する可能性がある。実際に下降期間にこれが起こっている（一九二〇年代と一九七〇年代とを比較参照せよ）。

どちらかといえば諸国間の経済関係における不安定性の増大の方がもっと深刻である。それは中心部と周辺部／半周辺部との間で最悪である。景気の上向きに誘われて再び周辺部と半周辺部が、徐々に昔ながらのやり方で国際分業に組み込まれていく。かれらが「周辺部」商品の生産に専念するとき、交易条件はかれらにとって逆調になる。それとともに、そしてある程度まではその結果、周辺国は中心部の資本家たちからいっそう負債を被る（あるいは直接所有される）ようになるのである。さらに、周辺部の状況が悪化し、周辺部のエリートたちがますます中心部によって文化的に支配されていくにつれ、周辺部の資本家たちはその資本を中心部へ移すようになる。最後には、周辺部の事態が耐えられないものとなる。つまり、周辺部自身は大規模な飢餓、戦争、革命へとまっさかさまに落ち込み、そして／あるいは、中心部はいまや余りに窮乏化して購買不可能になった周辺部の需要を失って危機へと陥るのである。しかし、この傷は無駄ではない。それは周辺部での政治・経済的な変化へと通じるものであり、この変化によって、第一に中心部への従属を、第二にその内部での不均等性を弱め（同様な変化が中心部でも生じる）、より安定した土台の上に再び成長の開始を助けるのである。

この長期波動の力学の説明がもっともらしく聞こえれば聞こえるほど、それだけわれわれは現在に近づいているといえる。一九世紀に関してはこの説明はまったく満足できるものではない。この説明は「リーグ」で上がるプレーヤーごとに落ちるプレーヤーの必ずいるようなおよそ規模の変化しない世界経済に最もよく適するものであって、世界システムが新しい領土を編入しながら拡大している一九世紀の世界経済のようなものにはそれほどあてはまらないのである。そこには人口の密集しているところもあれば人口の少ないところもあり、周辺部となるものもあれば半周辺部あるいは半中心部へとなるものもある。(1) 二〇世紀の移民の流れはほとんどもっぱら、周辺部あるいは半周辺部から中心部へと向かうものであったが、一九世紀のそれは主に旧中心部内かその近隣地域から、その地位に関係なく、新しく編入された領土へと向かった。成長率がこのような移民に及ぼす影響、および、こうした移民が成長率に与える影響はまったく異なっている。さらにいえば、少なくとも中心部では今やほとんどの経済活動が政府や巨大寡占企業に支配されており、製造品の貿易が大部分で、産出物もたいていは製造品やサービスである。これに対し、一九世紀にはほとんどの経済活動が自営業を営む個人や家族によって担われ、その多くは（僅かながら）自己資本や土地さえも所有していたのであって、産出物の大部分が食料や原材料であった。当時、貿易の重要性は現在よりはるかに低かったし、貿易の障害も今日ほど人為的なものではなく、輸送や通信のコスト、そして好みや方式の違いの問題であることが多かった。このように異なる構造をもったシステムが別の力学をもつに違いないということを示すのは難しくない。かかの力学は長期波動を生みだすだろうか。

まず第一に、どのような長期波動があったとしても、成長率タームではまったくはっきりしないということは明らかなようだ。世界レベルでの変動があまりに小さいので、長期波動の存在を否定する者がいるほどである。しかしながら、価格ターム、特に原材料と比べた製造品価格のタームでは、二〇世紀のものとほぼ同じ長さを持つ明確なサイクルが存在する。そして、原材料の相対価格が上昇する頃は、中心部や（特に）半中心部では社会的・経済的危機の時代である。ここで、この段階の長期波動の力学に関して修正仮説を提案したい。これはさきに略述したものよりもずっと試案的なものである。不均等性を通じたフィードバック・ループはより弱いものだとみていいだろう。おそらく、技術進歩を通じたループも同じであろうが、他方で、金や貨幣のループはもっと強かったようである。(2)

人口と移民を通じた別のループがある。地方居住者に関するかぎり、社会的・政治的危機の時代は生活水準が著しく向上するとともに終わる。ナポレオン時代にはその大部分は社会変革によるものであり、一八五〇年代には部分的に移民（例えばドイツ）のせいで、一八九〇年代と一九〇〇年代に再びその一部が移民（大陸ヨーロッパの多く）に起因していたが、しかしその主要な増進は、農産物の相対価格が上昇して「都市」との交易条件が改善されることからもたらされたのである。さらに気候変動の影響もあるが、これらは唯一つの真に外生的な要因という意味でトランプのジョーカーである。たしかに、一七八〇年代や一八八〇年代末、そして一九三〇年代から一九四〇年代初めにかけて寒冷な時期があり、少なくとも北部の温帯では穀物収穫高に対して明らかに有害な影響を及ぼしたのであり、さらには一八四〇年代にも、気候とのつながりがそれほど明確ではないとはいえ深刻な不作がありはした(3)。

いずれにしても、状況がよくなるにつれ出生率が上がって死亡率は下がるのであり、それは生存水準ぎりぎりの生活をしているどんな人々にも予想できるものである。移民もまた減少する。一世代の内に農業人口と、それ以上に有効農業労働力がトレンドよりかなり大きく増大している。この段階前後に危機の時代への下降が始まる。交易条件が地方に対して逆調になる。増大した労働力が「旧」地域の利用可能な土地からより多くのものを搾り出しつづけ、しかも、二十年ほど前に旧地域からの移民によって開かれたアメリカの新地域がいまや、その産出物を世界市場に向けているからである(4)。

この時期に成長率の著しい低下を予想する根拠は何もない。最も深刻な危機の数年間に至るまで、農業生産はきっとトレンド以上であろうし、工業への労働供給もそうだろう(5)。所得シェアのシフトは一九世紀には「下降」をもたらした。「地方」から「都市」へのシフトは、成長への影響という点で、これに対応する二〇世紀の「周辺部」から「中心部」へのシフトほどにはデフレ的ではなかった。というのは、それが全般的に不均等性を増大させたとしても僅かでしかなかったからである。一次産品の純輸出国である国々が必ずしも貧しい国であったわけではなく、なんといっても主要な一次産品輸出国は合衆国という最も豊かな国だった。また、このシフトは必ずしも国内での不均等性を増大させなかった。農業賃金が工業賃金よりも低かったというのは事実であろうが、概して、土地所有者は産業資本家よりも金持ちだったのである。さらには、産業資本家のほうがはるかにその所得増加分を生産的投資に向けたように思われる。

一九世紀の長期波動と二〇世紀の長期波動を比較すれば、その間の進化がどのようなものであったかについて幾分かの洞察を得ることができる。テクノロジー水準に規定されて、中心部がますます厳密に製造品供給者に、周辺部が一次産品供給国に照応するにつれ、交易条件の規則的なシフト——一八七〇年代と一九二〇年代は似ている——が以前とは異なって国際間の不均等性を増大させる。[6] この時までは、国内でも同様な影響があった。「都市」は「地方」よりも断然豊かで、「都市の金持ち」の貯蓄・投資性向は「地方の金持ち」のそれとほとんど変わらず、それゆえ、地方から都市への所得シフトがもはや少しも成長を刺激しなかったのである。

製造業と中心部とが、そして一次産品生産と周辺部とがますます一致していくのと同時に——偶然ではなく——世界システムの急速な拡張期が終わった。いまやゼロサムゲームとなった昇進ゲームにおいて、誰が脱落し原材料供給者の地位につくのか。上昇期（ほぼ一九二六年まで）の間、一次産品の高価格はこうした動きを半周辺部の支配階級にとって魅力あるものにしていたが、他方でこれらの国々の他の階級の抵抗がロシア、メキシコ、中国の革命をおこすにあたって大きくはたらいた。半周辺部の周辺化[7]の進みかたがあまりに小さく遅すぎたため、中心部のメンバーに加わろうと——そしておそらくは覇権さえ求めようと——競争する半周辺諸部内外での緊張は緩和されなかった。これらの緊張が第一次世界大戦となって爆発し、主要な覇権国であるドイツが、新旧の覇権国である合衆国と英国を含む同盟によって必然的に打ち負かされるとともに終わった。これは勝者となる国の当面の問題を解決した一方で、（すでに豊かである）勝利者側と（まえから貧しかった）敗者側との間の国際的不均等性を徹底的に大きくした。こうして次の下降のための基本的諸条件が用意されたのである。しかしながら、一九二〇年代の典型的な「戦後景気」によって下降は遅れた。戦争による混乱と破壊によって延期されていた（あるいは必要となった）投資（特に建設投資）がおこなわれたためである。そのため、このブームが終わったとき、その後の景気後退は下降を助長する潜在的な諸力と結びついて一九二九年から一九三二年にかけての急降下を引き起こしたのである。

ここで、不況によってもたらされた（あるいは加速された）変化の概略を述べさせてもらいたい。この変化は国内や国際間での不均等性を徹底的に減少させることによって、一九四〇年代と一九五〇年代の景気回復の基礎を築いたのである。中心部や半中心部では、ファシスト国家のような重要な例外は除いて、この変化は労働組合化を著しく進めた。それと関連して全体として左翼への転換があり、これがやがては累進課税と福祉国家の発展へと導くことになった。中心部へ向けた半周辺諸国の低技術製品の輸出が崩壊し、高技術の製品を自給自足する戦略へと急激に政策が変化することになる（これはブラジル、メキシコ、トルコ、アルゼンチン、南ア共和国、イタリア、日本、オーストラリア、そしてインドにおいてさえもあてはまる）。ドイツのナチズムと、日本やイタリアのある程度これに似たものは、そうしなければ危機が避けられないような激烈な国内変化を軍備拡張によって代えたのだと見なしうる。しかし戦争に敗れ、結局はそういった変化をもたらすことになった。不況と戦争はともに、当時なお国内および国際間の不均等性への挑戦者であった共産主義勢力の伸長をもたらした。不均等性の緩和を目指した広範囲にわたる合衆国の政策――マーシャル援助、日本の農地改革やそれに類するもの――は、この挑戦に対する防衛反応として広く解釈できる。

これらの大変化は、一九四〇年代後半から二十年ほどの間に生じた高度テクノロジーが加速的に普及するのに適した諸制度と市場の需要を保証した。このなんとか勝ち取られた不均等性の低減が、戦後の繁栄期の結果どのように徐々に逆転されたのか、どれほどいたるところで不均等性が復活して一九二〇年代の水準にまで達し、現在の不況を避けられないものとしているのか、そして、現在のこの傷が、破局を避けたとしても悪くなっていき、国際社会や国際組織における新たな大変化へと導かざるをえなく、その上にどのように第五のコンドラチェフ上昇局面が築かれるのかについては別の場所で示すつもりである。(8)

このような長期波動の分析は宿命論と取り違えられるべきではないし、決定論とさえ誤解されてはならない。ただし、およそ科学は決定論的であるという意味においては別であるけれども。よき説明は予言を可能にするものである。われわれは、長期波動の法則として、不況が進行していき、ついには国内や国家間での均等性に向けた大変化が引き起こされると主張してもいいだろう。それらが何であるのか、何時どこで起こるかは確実には言えない。今回それらが可逆的ではなく累積的かもしれないということについてもはっきりしないままである。われわれがその長期波動のローラー・コースターに乗って振り回されている現在の世界システムは、人間によって作られたものであり、しかもそれほど前のことではない。それは人間によって変えられるかもしれず、今後長くつづかないかもしれない。われわれが今もがいている景気の谷は最後のものであるかもしれないのであり、その原因が判ればそれだけ可能性は大きい。

（岡久啓一訳）

註

（1）この時期の初め、システムは比較的変化がなく、したがって、いくつかの点でその後よりも現在に似ていた。

（2）コンドラチェフが指摘したように、ゴールド「ラッシュ」とその結果生じる金産出の上昇との明確なサイクルには証拠があり、しかもこの時期、金と貨幣供給とのつながりは密接なものであった。

（3）ある程度その原因である馬鈴藷の胴枯れ病は暖かさや湿気を好むものである。疫病を助長するようなモノカルチャーが自由貿易によって促進されるならば、おそらく、われわれはここで内生的要因を手にすることになる。

（4）旧地域での過剰生産と新地域からの輸入は非惨な疫病の蔓延を説明する一助となる。

（5）そしておそらく、労働力の供給には他の要因もある。より裕福な農民は若い息子達が職人や小売商などで身を立てるよう手助けするのである。

（6）もし交易条件が高技術の製品、低技術の製品との間にとられたとしても、振動は規則的であり続ける。そうとる理由は、今や、中心部と製造品供給者、その照応関係がなくなりつつあるからである。

（7）ロシアの場合、それは世界市場向けの一次産品の生産が増大するケースというだけではなく、（ブラジルのような国の最近の発展を予告するような）従属的工業化のケースでもある。

（8）この変化が先細りに消えていくありさまについてはティルコート、ロンスダール・ブラウン（Tylecote, Lonsdale-Brown,1982）を参照せよ。

六カ国の長期波動

——新しい方法にもとづく諸結果と考察——

ジェームズ・B・テーラー

指抜きを使って捜せ、注意深く
フォークで諦めず追いつめろ
鉄道株で生活を脅かしてやれ
微笑とおべっかでおびき出すんだ
なぜって、スナークは奇妙なやつで
普通のやりかたじゃあ捕まんない
（ルイス・キャロル『スナーク狩り』一八七六年）

長期波動の研究は世界中でおこなわれているが、それはスナーク捜しと似てなくもない。そのような生物の存在を認めない者もいるし、かってはいたのだが突如として静かに消え去ったのだと考える者もいる。けれども、それがどのような格好をしているのか、確信のあるものは一人もいないのである。

このような問題は、コンドラチェフが一九二〇年代に最初の研究成果を発表し、トロツキー（Trotsky,1973［1923］）が後の注釈者と同じ論点を多く提起して以来、ずっと存在してきた。よく知られているように、コンドラチェフはおよそ一八〇〇年から一九二〇年にかけて、九点の移動平均を使って経済指標の食い違いをならし、四八年から五五年の周期を持つ循環があきらかに存在していると結論した。彼の主張によれば、このような循環はランダムで偶発的な原因によってではなく、資本主義体制に固有な特性、とりわけ基礎的生産力を創造し、科学技術を根底から装備し直すための投資のパターンによってのみ説明できるものである（Kondratieff,1984［1928］；1974［1926］）。こういった観察と提唱がずっと後の論争を予定表に組んだのである。

この論争における第一の、そして最も決定的な疑問は、波動そのものに関わるものである。それらはひょっとして統計的恣意にすぎないのではないか。第二の疑問は、波動の時機に関係している。波動はほんとうに周期的で、ほぼ五〇年ごとの規則的なリズムで動いているのだろうか。そうではなく、実在しているとしても非周期的なものではないのか。第三の疑問は、なるほど一般的説明をすべて受け入れるとしても、そのような循環の形をどのように説明するのかというものである。

波形が恣意的なものかもしれないと疑うことには十分な技術的理由がある。自己回帰系列に強く作用する確率的攪乱要因によって、不規則な性質の緩慢な波形が生みだされうることが知られている。いわゆるスルツキー＝ユール効果（Kendal,1973）である。コンドラチェフ循環は、純粋にランダムで偶発的な出来事から生じたのかもしれない（Nullau, 1976）。さらには、コンドラチェフその他によって用いられている古典的な分解法が、規則的波動という人為的外観を作り出しているのかもしれない。というのは、トレンドの除去や移動平均法、測定尺度の変換に関する技術的決定は、波動要因の見た目に深く影響しうるからである。

異なる方法から多様な結論が導かれるありさまを、最近の二つの事例が示している。ファン・エヴィックは、中心四カ国の経済データを分析して、コンドラチェフ波動の証拠が何もないことを見い出している。かくしてかれは英国について次のように結論する。

証拠は明白である。経済成長の長期的パターンはコンドラチェフの命題とは全く一致しない。例えば、コンドラチェフに従えば一八二〇年から一八五〇年までは下降局面であるはずなのに、それが巨大な拡張期であることが判明する。コンドラチェフの時期区分を放棄したとしても、多少なりとも規則的な四〇年から六〇年の長期波動の証拠もまたほとんど見い出せない。長期波動は存在しはするが、それはコンドラチェフの類の波動とは似ておらず、むしろ一〇〇年から一四〇年の長期振動である。すなわち、ナポレオン戦争をはさんで一七八〇年から一八六〇年まで急速な成長があり、次いで一八六〇年以降一九二〇年まで徐々に成長が低下し、第二次世界大戦後、再び一九七〇年までの穏やかな成長をむかえる (Van Ewijk, 1981 : p355)。

ファン・エヴィックがフランス、ドイツ、合衆国について得た結果も同じように否定的なものであり、しかも英国でみられる百年強の長期波動は他の諸国では見い出されなかった。これとはまったく対照的に、アーシグラー／メッツは別の経済系列と異なる方法を使って、「コンドラチェフタイプの長期循環ははやくも前工業時代に確認することが出来、したがって――流布している見解とは反対に――その存在をもっぱら資本主義的生産や農業生産のメカニズムだけでは説明できない」と結論した (Irsigler& Metz, 1981 : p389)。かれらは、コンドラチェフ波動に対し肯定的な証拠を見い出しはするけれども、その波動が厳密に周期的であるということは否定している。

こうして、方法が異なれば調査結果も違い、対立し合う。コンドラチェフ循環が存在するかどうかについて一般的な合意はないし、存在するとしてもその形状についての見解は一致していない。けれども、このような問題点にも関わらず、長期波動に関する文献の大半は、コンドラチェフ循環が実在し、周期的で、しかもコンドラチェフの時期算定は正しいものと仮定している。その上で論者たちはこの現象を説明しようとするのである。このような努力は、現象がもっとよく確認されて明確に描き出されるまで不確定たらざるをえない。スナークがいないとすればスナークの生理機能について思索しても無意味なのである。

別のところで、長期時系列分析のために一つの方法が提出されているが、それはこれまであった多くの技術的問題を克服するように思われるものである。この方法は時系列の中の要素波形を特定するのに、恣意的でない手続きを提供し、しかも周期性や定常性に関する仮定をなにも必要としない。これを一九二〇年から一九七二年までの合衆国のさまざまな経済指標に適用して、クズネッツ循環とジュグラー循環の両方をうまく図に表わせた。その結果が示しているのは、ジュグラー循環が時間とともに減衰しており、しかも両循環が軍備の変化と平行しているということであった。これらの結果は有望なものであった。その手法は研究文献で十分に認められた波形を見い出すことができ、しかも異なる循環形式の間の刺激的な関係を浮彫りにしたのである（Taylor&Coyne, 1980）。

本稿では、同じ方法を利用し、より長期にわたって六つの資本主義国——合衆国、英国、フランス、ドイツ、イタリア、日本——の一人当たりGNPあるいはGDPを推定する。

1 方法

テーラー＝コイン（Taylor&Coyne, 1980）にこの方法の統計学的詳細が示されている。以下の論考ではもっと形成ばらない説明をおこなおう。

「循環」が時系列データの中に存在するという場合、それは何を意味しているのか。この主張は次のことを意味しているといって差し支えない。

a　比較的単純な波形がデータの中に隠れており、これが分散の統計的に有意な部分を説明する。

あるいは

b　主張aが正しく、さらに、波形が周期性を示す。規則的な脈動となるのである。また、一つの系が含まれている。もし循環が周期的であれば、ハレー彗星の七六・三年ごとの回帰が予測できるのと全く同じように、将来の予言に用いることができる。

あるいは

c　主張aそして／あるいは主張bが正しく、さらに、単一の外生的原因もしくは内生的プロセスが波動の形状を決定している。

概して、主張aと主張bとが直接的な経験的検証を必要とするのに対して、主張cは外在的な知識や理論の上に形成される判断の問題である。したがって、方法の探究においてわれわれは主張cを無視する。理想的な手法は波動の原因、もしくは波動のとる形状に関して事前的な仮定をなんら含むべきではない。

主張aそして／あるいは主張bを証明するには、二つの別個のステップが必要である。第一に、種々の波形がデータの中に有意に存在しているかどうかをテストする方法が必要となる。波形テストは「恣意性を免れた」ものでなければならない。すなわち、疑似波形を持ち込んではならず、波形の性格を変えてもならないのである。測定尺度の変換、差分近似法、古典的要素分解法はこの意味で「恣意性を免れて」いない。

第二に、その方法は、誰の「よくフィットしている」という「最良の判断」にもかまわずに、それぞれの波形を明確に記述しなければならない。分析結果は、その結果の解釈のために判定者に最高の正確さと見識が求められるとはいえ、人間の判断によってくもらされてはならないのである。

こうした要求を満たすには、段階的多項式回帰分析を変更修正したものが適当だろうと思われる。段階的多項式回帰は線形回帰法と相関分析を拡張したものである。相関分析が二変数の間の線形関係の強さを記述するものであることが想い出されるだろう。相関係数はデータが「もっともよくフィットする」直線のどれだけ近くに集まっているのかを示す指標値を与える。統計的有意性のために相関係数が検査されるのだといってもよい。相関係数の算定のほかには、回帰式がデータに最もよくフィットする直線を記述する。直線（変曲点のないもの）を一般形で表せば$y=a+bx$であり、単純「最小二乗法」はデータへこの直線をフィットさせることから成る。相関係数の二乗（R^2）はこのフィットによって説明される分散のパーセントを表わしている。

われわれの現在の関心は線形関係ではなく、曲線波形にある。しかしそれでもやはり同一のロジックを適用することができる。例えば、$y=a+b_1x+b_2x^2$という方程式は一つの変曲点を持つ一本の対称曲線を記述したものだし、

$$y = a + b_1x + b_2x^2 + b_3x^3$$

という方程式は二つの変曲点を持つ曲線を記述している、など。このような方程式もまたデータにフィットし、そのフィットの正確さが検査されるかもしれない。この種の方程式は「多項式」と呼ばれ、「これこれの次数の多項式」として語られる（「次数」は方程式の中で最も高いxの累乗を指している）。したがって、このパラグラフで引用された二つの多項式はそれぞれ、二次の多項式と三次の多項式である。

所定の時系列が一つかそれ以上の隠れた波形を含んでいると仮定しよう。この仮説をテストするために、多項式の次数を上げてゆき、その度ごとに適合度の増大を計りながら時系列にフィットさせていってもいいだろう。こうして、まず直線つまり一次の多項式をデータにフィットさせる。次に二次の多項式、それから三次の多項式、そして四次の多項式と続けていく。それぞれのフィットによって回帰式と適合度のR^2推計値が与えられる。

さらにすすんで、データの中に四次と七次の多項式の二つの波形が隠れていると仮定しよう。はじめの方の解は有意な相関を全く示さない。だが、四次の多項式をデータにフィットさせるとき、統計的に有意で高い相関が見い出せるだろう。そのとき、四次の波形が存在していると主張することは正当だろう。例えば

$$y = 1035 + 0.03x - 0.05x^2 + 0.0005x^3 + 0.002x^4$$

という回帰式を計算することもでき、それによって波形を表す最適な曲線を描くことが可能だろう。要するに、波動を同定してその形状をグラフにしたのである。分析を続けていけば、七次の多項式をフィ

ットさせるときに、説明される変動が統計的に有意で大きく増大することに気づくだろう。逐次的多項式分析によってデータの中に隠れている二つの波形が同定されたのである。

この手法によって同定された波形が分析の中に持ち込まれた恣意によるものでなく、しかも、特異な人間判断がそれらの推定に入り込んでいないことは明らかである。したがって、逐次的に多項式曲線をフィットさせることは、時系列データの中に波形があればその隠れた波形を同定するための一般的方法を満たすのである。

右の手続きによっていくつかの波形の存在が示されるとき、系列を分解してもいいだろう。最初に同定された波形をデータにフィットさせることから始める。ここでの例においては四次の多項式である。それから引き算をして残りを求める。次に二番目に同定された波形（七次多項式）をフィットさせ、再度引き算をし、これを続けていく（手続き上の詳細について興味のある読者はTaylor&Coyne, 1980を参考にできよう）。それぞれの要素波動の実際の形状はその方程式によって図に描かれる。

図1には、恒常ポンド・スターリングでの英国の一人当たりGNPを用いた逐次的多項式分解の例が示されている。

統計的処置はどの商業統計パッケージでも十分に利用できるというわけではないが、著者によって、8087コプロセッサー使用のIBMのPCコンパティブル機用に、トゥルー・ベーシックでプログラムされている。

この方法には以下に記す三つの主要な限界がある。

1　現在のところ、分析は二一次の多項式を越えて拡張できない。百年やそれ以上の系列において

図1　多項式分解：　英国　GNP

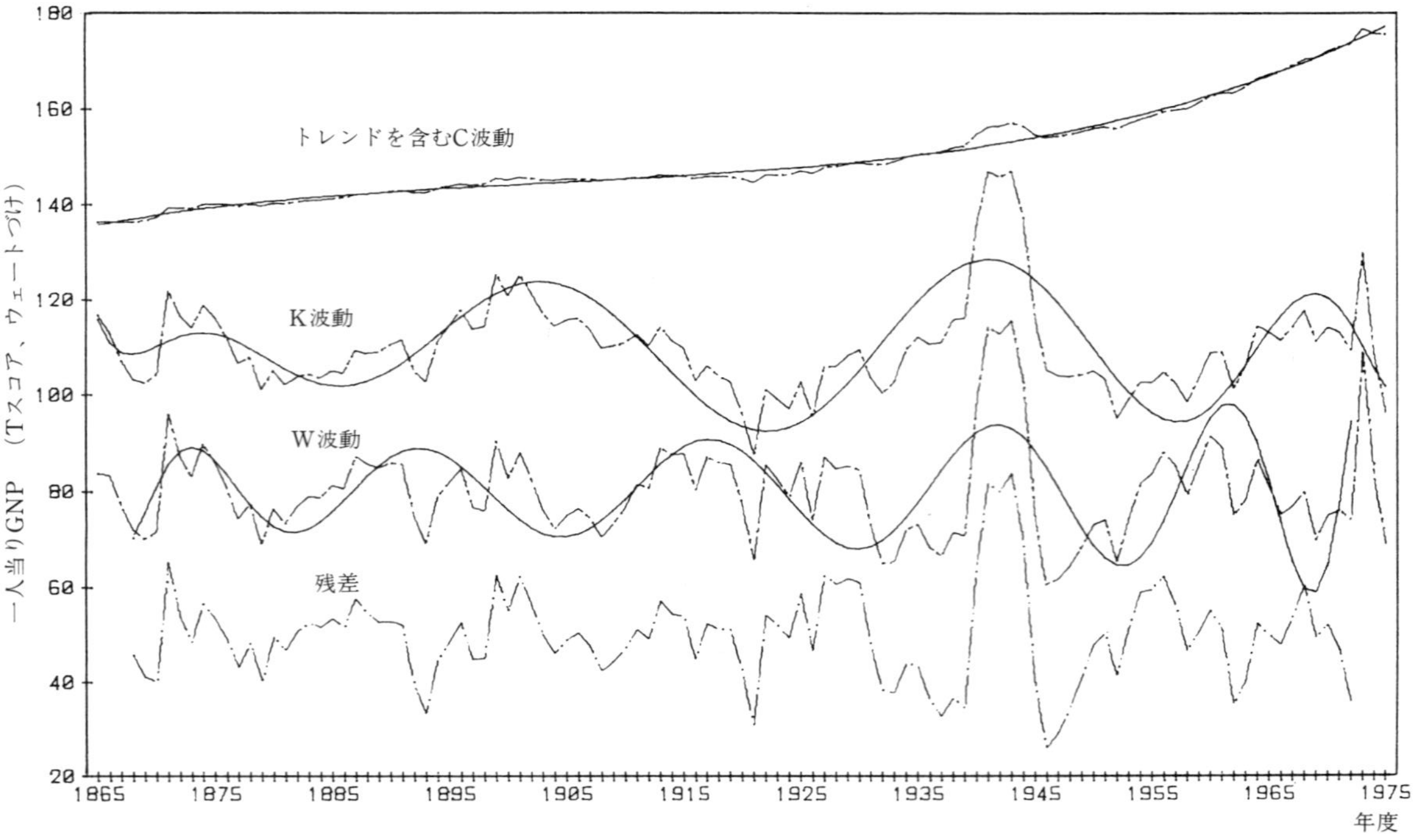

は、この限界は事実上、分析を二〇年強の期間を持つ波形に限定する。
2 多項式によって記述された波動の端の点は概して見せかけのものである。そこにおいて確率変動はフィットに対し過度に影響する。実際問題として、全ての周期の初めと終わりの三年間を無視するのが最善である。
3 時折、分析から曖昧な結果がもたらされる。波形の存在は示されても、統計的有意性に欠けるかもしれないのである。目的次第でこれらは分析されたりされなかったりするだろう。このような波形は「準波動」と呼ばれる。わたしはこの方法には他に限界はないと考えている。

2 データ

コンドラチェフ波動に関するこれまでの研究では、様々な経済指標が分析されてきた。すべての経済指標のうち、GNPやGDPの推定値といった国民会計額は国民経済の最も包括的な指標を提供するもので、それゆえここで使用される。合衆国の推定GNP（1889-1983）は合衆国商務省（1975）と合衆国統計抄録（年度はさまざま）からのものであり、英国の推定GNP（1965-1975）はミッチェル（Mitchell,1980）から採られている。日本の推定GNP／GDP（1885-1975）は、日本の年々の人口推定に使われる国勢調査の値と同じくミッチェル（Mitchell, 1982）からのものである。フランス、イタリア、ドイツの推定GNP（1870-1979）はマディソン（Maddison,1982）のものである。全ての系列は恒常通貨単位を用い、一人当たりの率で表示されている。

ＧＮＰやＧＤＰ一般のよく知られている限界（Morgenstern, 1963）の他にも、歴史上のＧＮＰ／ＧＤＰの推定がしばしば不十分な記録に基づいており、その多くはそれら自身一貫していないということがある。どうしても推測作業が必要となるのである。遡れば遡るだけ誤差が大きくなりそうである。例えば、ファインスタイン（Feinstein,1972）は比較的完全な英国のデータを対象に研究して、一八九〇年以前のあらゆる推定ＧＮＰに一五・二五パーセントの確率誤差があると報告している。こういった制約のもとでこのようなデータの中にあるパターンを捜し出すことは、無線技術者が雑音――ランダム・ノイズ――を濾過除去して、潜在するパターン化された信号を洗い出す仕事に似ている。誤差がランダムに分布し、しかも信号を圧倒していないかぎり、この課題は実行可能である。

だが、無線信号とＧＮＰ推定値のどちらにおいても、すべての誤差がランダムであるわけではない。もし非確率的誤差が存在すれば推定値は不正確になるはずである。経済データにおいては非確率的誤差がさまざまな原因から生じるだろう。オリジナル・データが故意に誤報されているかもしれないし（おそらくは税金逃れか政治的利益のために）、ＧＮＰの推定者が使用した決定原則が特異なバイアスを持ち込むかもしれない。両方の原因に由来する系統的誤差は波形に影響し、根拠の弱い調査結果が導かれるだろう。

しかしながら、異なる国々の異なるデータを使って別々の推定者たちが出した別々の推定ＧＮＰの中に、同一の系統的誤差が存在するのだと決め込む理由はない。もしも異なる国々について、こういった制約のもとでひどく似ている波形が見つかるならば、その調査結果は根拠の確実なものとして受け取られていいだろう。

この研究では、データは六カ国から採られ、推定者は数名に及び、別々のタイムスパンにまたがっている。この国々は単一の世界経済の中心諸国として結びついているから――しかも時とともにますますそうなので――その波形はだんだんと似てくるだろう。最も長く中心にある国々が最もよく似ているにちがいない。半周辺部から中心部へと移ったイタリアや日本のような国々（Arrighi et al, 1986）はそれほどでもないだろう。もしもパターンの間に一般的な類似性があり、異なる国々の間に法則的な関係があるならば、誤差の影響は割り引くことができる。

3　調査結果

右に述べた方法を使って、周波数と振幅のまちまちな幾つかの波形が各国について同定され図に描かれた。

六カ国それぞれについて、分析は一人当たりGNP／GDPの線形のトレンドの存在を示した。それとともに少なくとも一世紀の期間を持つ非常に長い波形もまた各国で見い出された。これまでの研究者はこのような波動を「セキュラー・トレンド」あるいは「ロジスティック循環」と呼んできたが、両方の分類名称とも語義的な曖昧性を含んでいる。前者は「セキュラー」の多様な意味内容から、後者は特定の波形を前提することから引き起こされるものである。したがってわれわれは、それらを（一世紀強なので）「C」波動と呼ぼう。これらの波形によって説明される変動は**表1**に示されている。

線形要素とC波動要素を結合させて各系列の長期動態を描くことができ、それが**図2**に示されている。

表1　分解統計：GNP／GDP

	英　国	合衆国	ドイツ	フランス	イタリア	日　本
線形トレンドに起因する変動%	87.65	89.39	70.96	62.42	67.93	53.80
C波動						
多項式の次数	5	4	7	5	6	5
変動%	11.28	8.105	27.73	36.14	30.92	44.98
K波動						
多項式の次数	12	8	10	10	12	8
変動%	0.56	0.64	0.29	0.58	0.71	1.74
残差……変動%	0.52	1.87	1.01	0.85	0.41	0.79

すべての系列において長期動態が変動の圧倒的大部分を説明している。他の可能性のある波形——コンドラチェフ、ジュグラー、クズネッツ、在庫投資循環など——と残差の変動を足してもせいぜい変動の二・五パーセントを説明できるにすぎない。図2のように描き出せば、直接甚大な重要性を持つ歴史的事件——戦争、恐慌、不況、好況——が大きな歴史的転換の中の相対的に小さな摂動として現れる。

もっと厳密な検討をおこなうために線形要素を控除してC波動を分離することもでき、その結果が図3に示されている。六カ国で転換点の異なっていることが図から浮かび上がる。英国で一九三五年ごろ、合衆国でだいたい一九三九年、その他の国ではすべて一九五〇年代である。

「長期波動」つまりコンドラチェフ（K）波動についてはどうか。五カ国においては「長期波動」の明らかな統計的有意性が見い出されたが、合衆国についての調査結果は「準波動」をほのめかしている。**表1**に示されているように、ドイツを除けばこれらのK波動は各国における残りの変動の実質的部分を説明している。各国のK波動をあわせて描けば図4、5、6のように明確なパ

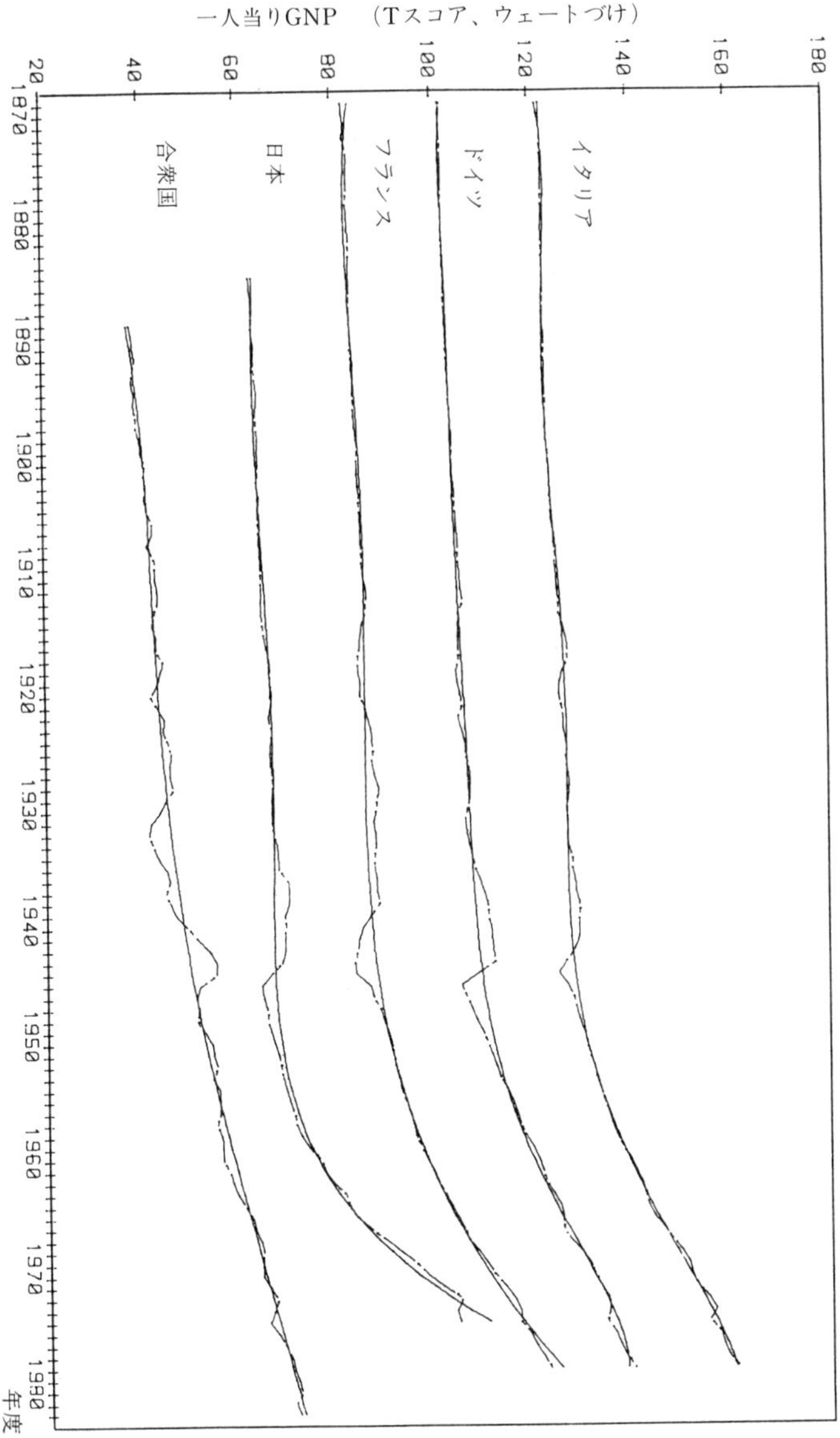

図2　五カ国のC波動、トレンドを含む

図３　六ヵ国のC波動、トレンド除去

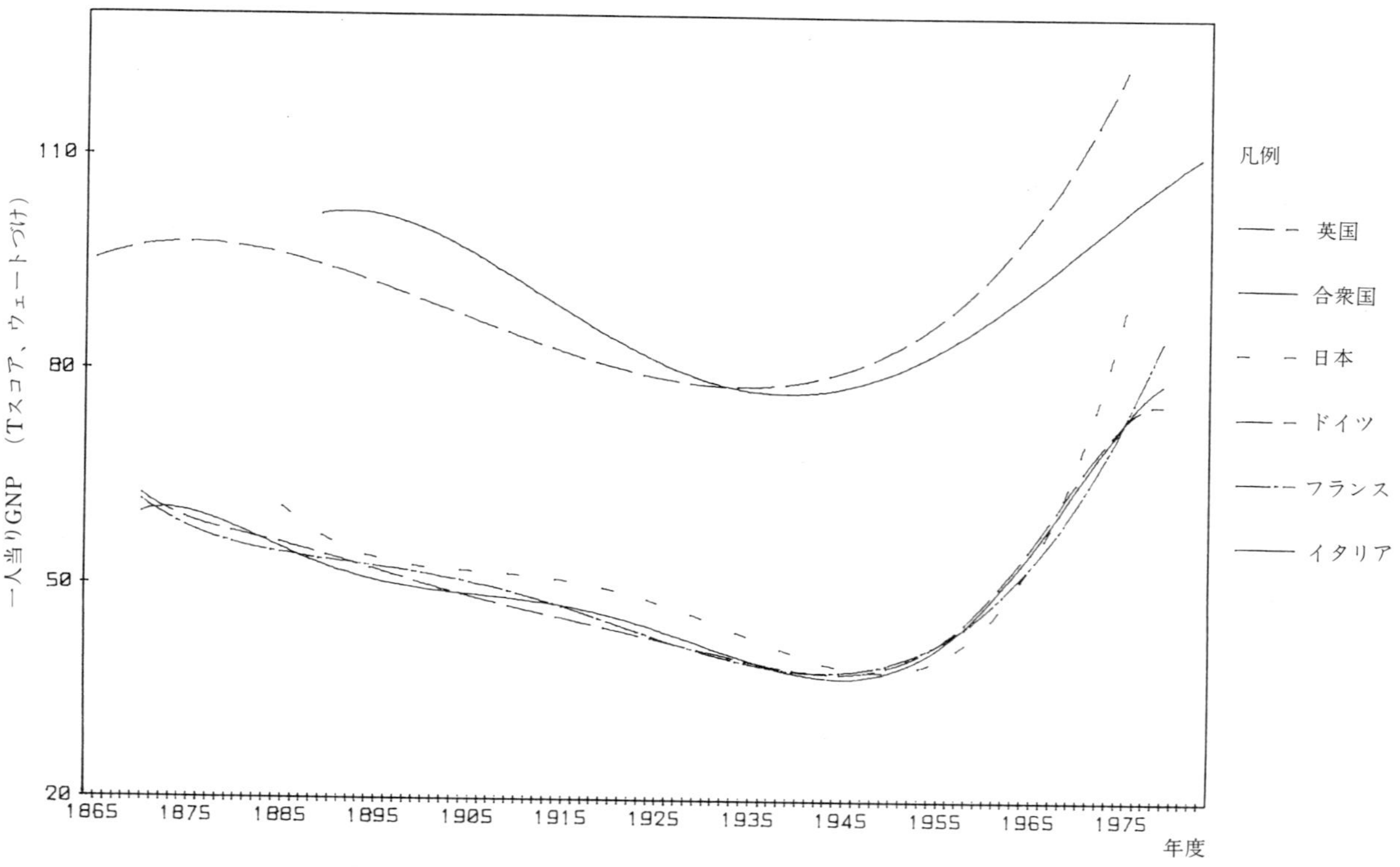

ターンが明らかになる。図4は合衆国と英国の波動を示している。二つの波動は振幅と持続期間においてひどく似ていながら、リード・ラグ期間によって区別されるが、これは時間とともに小さくなっている。一九世紀において最初一五年あった英国のリードが一九七〇年までには七年に減少しているのである。

図5はドイツ、フランス、英国のK波動を明らかにしている。これらは全期間にわたって近時性を持って動いているが、僅かに振幅が異なっている。ドイツは最初の上昇においてすこしばかり英国に遅れ、それ以後はずっとリードしている。これと全く対照的に、フランスのK波動はもっと長い持続期間を持ち、他と合流するのは（するとしても）やっと一九六〇年になってのことである。

中心国に新しく参加する国々についてはどうか。図6が示しているように、イタリアと日本の波形は一九二〇年までは非同期的であり、それ以後英国やドイツの波形と同調して動いている。

4　吟　味

この方法により、全系列で、長期の持続期間を持つ二つの波形が分離されている。第一のものは一世紀かそれ以上の長さをもつゆっくりとした波動であり、おそらくその本質はブローデル（Braudel, 1984）の長期的持続か、あるいはポランニー（Polanyi, 1944）の「大転換」によって最もよくつかまえられるだろう。最大級の歴史的大事件については、この長期波動だけで全系列の変動の九七パーセントから九九パーセントが説明される。それは、合衆国と英国においては、全期間にわたってGNPの線形

図4　K波動：　合衆国および英国

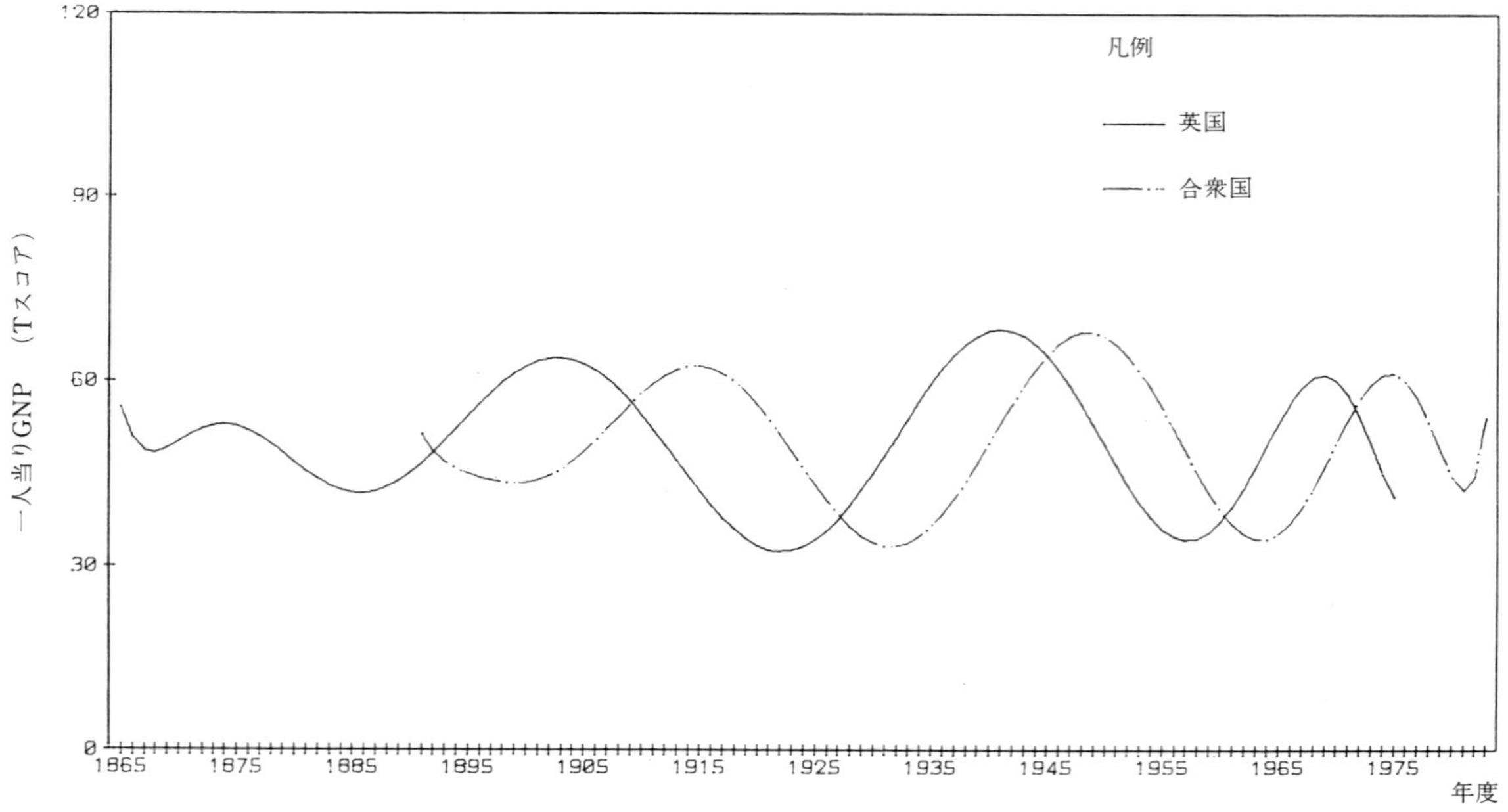

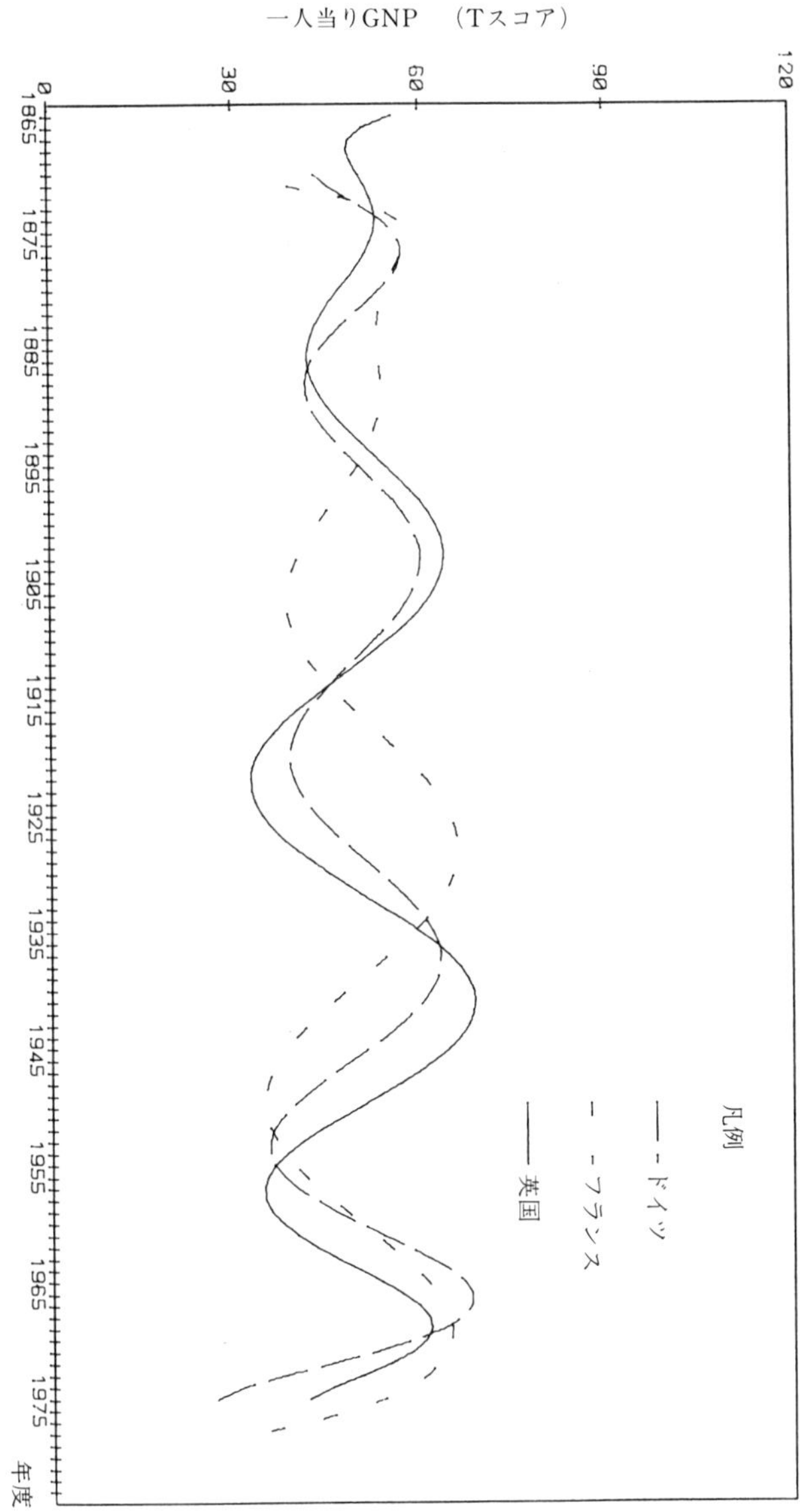

図5 K波動：欧州の三つの中心国

図6　K波動：　イタリア、日本および英国

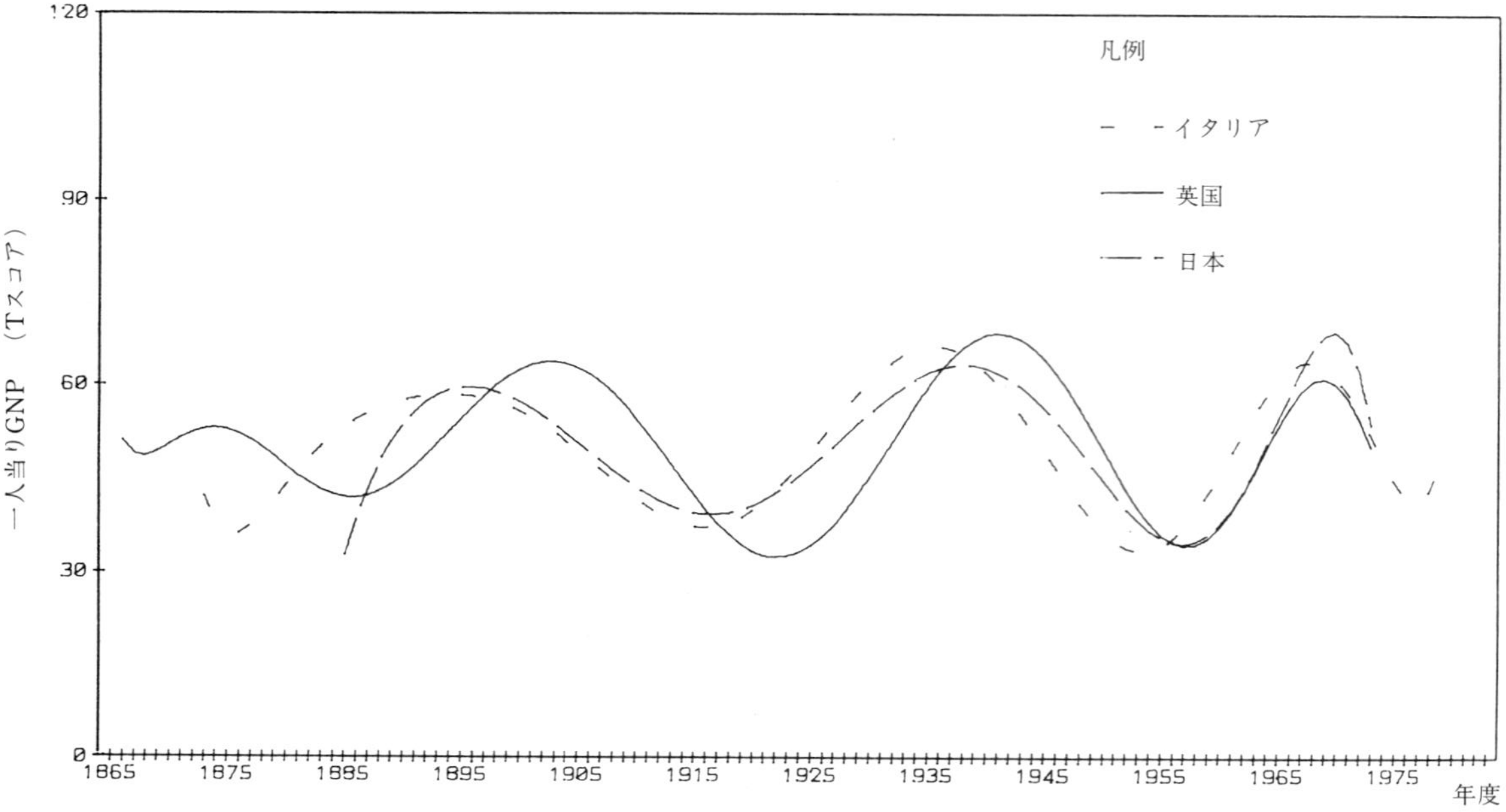

増加をとりまく穏やかなうねりから成っており、他の国々においては、GNP／GDPの一九四五―一九五〇年までの（幾分うねりを伴った）漸増とそれ以後の急増から成っている。大雑把にいえば、それは前に引いた引用文の中でファン・エヴィック（Van Evijk, 1981）が主張していた経済成長の長期的パターンに該当するものである。

残りの分散の三〇パーセントから五〇パーセントを説明している二番目の波形は、明らかに長期波動ではあるが、コンドラチェフの叙述には正確には適合しない。コンドラチェフは四五年から五五年の持続期間を持つ波動を報告していたが、ここで検討された六カ国すべてにおいて波動はもっと短く、二〇年から四二年の期間にわたっている。コンドラチェフは予言に十分なほど確かな周期性を報告していたが、ここに報告されている波動は非周期的なものである。分析を遡って拡張すれば波動がさらに長くもっと周期的になるかどうかについては不明である。

したがって、この研究の結論は、コンドラチェフ波動に類似したものが中心六カ国において存在はしているけれども、それはコンドラチェフが考えたようには振る舞わないということになる。戦間期フランスが変則的であることを除けば、六カ国から採られた調査結果は適度に整合的で一致した像を形づくっている。

このような一致がみせかけのものであり、ことによると方法論的恣意の結果であるという可能性はあるだろうか。これらの波形の同定は、まったく恣意を持ち込まない手続きと、判断の偏りをあらかじめ排除する統計的な有意性の検証に依拠している。いろいろな長さの時間周期が使われているから、各波動の方程式は異なっている。だから、英国のK波動は一二次の多項式で記述され、合衆国については八次の多項式で記述されているのである。それにもかかわらずこの二つの系列の結果は著しく一致している。ドイツの結果も、もっと異なる時間域にまたがってはいるが、一致している。いうまでもなくこれらは、伝統的に資本主義世界経済の中心にある三つの由緒ある工業大国である。イタリアと日本のK波動が他の国々と明らかに同期するのは、やっと一九二五年から一九三五年までの十年間になってであるが、これらの国が半周辺国から中心国へと移ったことからすれば無理ないことだといえる。これらのパターンは非常に法則的で一致したものであるから、恣意の結果ではありえない。

5 考察

これらの諸結果から三つの重大な問題が生じる。

1 世界史的に見て、英国と合衆国を除いたすべての国で第二次世界大戦後にGNPが劇的に加速したが、それを説明するものは何か。図1は離陸《テイクオフ》の大きさを示し、図2はイタリア、ドイツ、フランス、日本のその時機が近いことを示している。

2 世界史的に見て、不況期だけではなく、景気回復期や相対的成長の終わり、下降プロセスなども含めK波動特有の形状を説明するものは何か。

3 世界史的に見て、K波動のリード・ラグ関係を説明するものは何か。なぜ合衆国はいつも、下降に遇うのも回復するのも最後なのか。またラグ・タイムが各周期ごとに短くなっているのはなぜか。

これらの疑問に対してわたしは答えることができないが、いくつか探究の手掛かりでも示したいと思う。

C波動の現象は国際的なものである。経済加速の古典的解釈は今でも、単一国の境界内で生じる経済的プロセスを強調している。例えばロストウ（Rostow, 1960）の「経済的離陸」という考えは、国民経済だけを強調したものである。同様にコンドラチェフ波動に関する古典的な文献は、一国内の経済的プロセス、とりわけ、インフラ投資や技術革新の結果である、新しいリーディング産業の発展（cf. Barr, 1979）に強調をおいている。

けれども、一九五〇年代のC波動の離陸時機やそれが四つの異なる国々で同時であったことは、国際的なプロセスや構造が大きな役割を演じていることを強く示唆している。離陸は世界市場の構造転換やそれに対応する資本制組織の転換の結果であるということができる。C波動の離陸が欧州共同市場の開放によってもたらされたということは、明らかに可能である。市場開放は、経営管理的に最も進んだ合衆国の会社を大規模な海外拡張へと導き、ヨーロッパ企業に、そのアメリカの競争相手の統合化され多様で複数部門から成る組織構造を採用するよう強いたのである（Chandler, 1977：480, 500）。日本では、貿易障壁の緩和と似たような企業の組織再編とともに、これと比肩しうるだけの市場拡張が生じた。合衆国ではそのような輸出ドライブによる離陸は成らなかったが、その理由の一端は、世界貿易が合衆国のGNPの非常に小さな部分しか占めていなかったことにあり、また新しい産業組織形態がすでに導入されていたからでもある。英国は共同市場の外にあり、両方の世界に敗れ去った。その幻想的な英連邦への愛着がEECから距離をおかせ、輸出ドライブによる成長の可能性を小さくしたのである。このため英国は、競争相手として対抗と組織の再構成を強いたかも知れない合衆国企業の「侵略」をそれほどは受けなかった。この解釈によれば、C波動は資本主義世界経済の市場構造の転換を反映したものということになる。

同様にK波動を、生産組織の転換や国家と資本の共生の転換の世界大的な反映と解釈してもよかろう。例えばこう解釈できる。

第一次のコンドラチェフ波動のA(上昇)局面では、資本制組織の最初の統合が見られた。ヨーロッパ(1885-1900)ではカルテルの成長と株式会社の(わずかばかりの)成長が、合衆国(1897-1915)ではトラストの成長があった。

第二次コンドラチェフ波動のA局面(欧州では1921-1940、合衆国では1929-1947)では、あらゆる国で、国内の市場調整における国家と資本の協調が増した。協調は国家の支払う(軍人もしくは文民の)賃金を通じた労働市場の調整、そして、「誘い水政策」を通じた軍もしくは民間の消費財市場の調整を含んだものである。この時期には「独占」段階を超えた資本制生産組織の発展も見られた。商品連鎖に沿って自らの供給と消費市場を調整することのできる垂直的統合企業がこの時期に出現したのである。

次のK波動のA局面では、各国にまたがる地域的市場の発達のなかで資本と国家がますます協調し、そしてそれらを調整する組織(EEC、世界銀行、IMF)の形成がみられた。同じ時期に多国籍企業が成長したが、それは「母国」から完全に独立していること、それが埋め込まれた「受入国」とぴったり同化していること、様々な国や地域の市場に浸透していることなどにおいて、新しい形態なのである。

どのケースにおいてもB局面つまり下降局面には、新形態の企業へますます資本が整理統合されることを通じて、これらの新たな転換が深化し拡大されるのがみられた。

要するに、それぞれの下降はどちらかといえば、コンドラチェフに関する文献ではそれほど強調されていなかった二種類のイノベーションに、最終的には導いたようである。それは生産組織のイノベーションと資本と国家の共生におけるイノベーションである。思うに、この新しい形態の金融的・産業的組織は旧来のものよりも効率的で、需要を刷新しただろうし、新しい形態の国家共生もおそらく市場調整、需要創出、階級闘争の鈍化に成功しただろう。それぞれの転換は絶えずより高いレベルの統合を創り出したが、限界に達した。その結果である下降は転換を強固なものにし、それが終わる頃に別の構造転換が出現したのである。

この思弁的素描は「コンドラチェフ波動の理論」として意図されたものではない。本物の理論は、このような組織的転換の根元にある動態を説明し、資本主義発展の組織的限界を明確にする必要があるだろう。わたしのここでの唯一の目的は、これらの波形を最終的に説明するためには、社会的転換——金融的・産業的生産組織、国家の機能と権力における——がどのような「経済的」原因にも劣らず重要だということを示すことにある。

（岡久啓一訳）

段階的多項式回帰

——近道か、回り道か——

ハワード・ブリル

テーラー＝コイン（Taylor & Coyne, 1980）およびテーラー（Taylor, 1988）は一つの手法――すなわち段階的多項式回帰分析――を示している。かれらによればそれは、経済時系列の波形を確認するさいに、客観的で「恣意性を免れた」方法を提供する。こうした主張を評価するには、次の三つの問題を検討する必要がある。第一に、この手法の数学的特性はどのようなものか。言いかえれば、この手法は点の軌跡を曲線にフィットさせることができるのか。第二に、必要とされる統計的仮定はどのようなものか、そしてこの手法から得た推定値を別の定式化や手法にもとづいた他の推定値と比較するのに、どのような方法が役に立つのか。第三に、この手法が適切に曲線にフィットし、異なった曲線の定式化に比較されうると仮定するならば、どのようなことを知ることができるのか。この手法からえる知識の理論的インプリケーションはどのようなものか。わたしは、後者の二つの問いが満足には答えられていないということ、そして最初の問題はテーラー＝コインによって間違って解釈されており、その結果かれらの結論が統計的な恣意性に行き着いてしまったことを明らかにする。もっとも根本的なことをいえば、純粋に曲線へのフィットにもとづくどのような手法をつかっても、経済過程の基礎にある波形をランダムな過程が生みだした波形から識別するための、いかなる手段も提供されないのである。

　この手の批判は新しいものではない。多項式回帰を経済の時系列分析に適用することは五〇年以上も前に行なわれたことである（Schumpeter, 1939：201-02 をみよ）。五〇年という月日がたっても、この手法の基本的な欠陥は改善されはしなかった。

　さきにみたように、確率図式〔直交化最小二乗多項式回帰〕の適用を正当化する性質――この性質というのは、〔残差の〕相関度ゼロ、一様な分散、偏差の正常度数分布であるが――が資料には明らかに欠けているため、厳密な論理からすれば、この方法にはなんの基礎もない。(Schumpeter, 1939：202)

実際、シュンペーターはつぎのように記している。「結果のみかけ上の正確さや客観性は……ほとんど面白いほど〔である〕。……しかしこれは目的がはっきりしないことの当然の結果である。」(Schumpeter, 1939：201)。このアプローチの単純さと外見上の客観性は、経済時系列データの特徴や理論的に有意味な結果にとっての必要条件を無視した結果である。もちろん、現実世界のデータに適用される、いかなる回帰分析も、たいていは仮定の何らかの侵害や複雑な現実の何らかの抽象をともなう。要は、科学的分析が単純な機械的手法に還元されない、ということだ。科学的分析には、実際的な理論、証拠を支える代替的な資料、およびできるかぎりはっきりとした諸仮定の注意深い比較考慮が必要である。

時系列データを分析するのに欠かせないことは、経済過程の特殊な性格を理解することである。経済的事実の背後にある過程はその時間的空間的次元に特殊なものであり、それから独立のものではない。[1] 経済空間と時間は単なる不変量ではない。歴史期間におよぶ経済時間の中の出来事は等間隔の暦年に照応しないかもしれない――同じ出来事が暦年の長さの中では変化するかもしれないのである。[2] 経済過程の構造は特定の時間と場所に特有なものである。くわえて経済過程は歴史的に決定されている。経済過程は、さまざまな時間や場所で発生した過程との関係において理解されるにすぎない。しかしながら、曲線をフィットさせる大半の形式は、不変の時間を仮定している。不変の時間は、経済過程が分析期間をつうじて不変であると想定することに等しい。非定常もしくは時間的に可変な行為は、変動の幅における変化、背後にある過程の機能的特徴の変化、そして変動の意味の変化を含むものである（Bennett, 1979：114-5）。もちろん、興味深い経済現象はたいていは、これらの特徴を含んでいる。階差法や多項式によるトレンドの除去やフィルターは、どれも時間的に可変な時系列要素を時間的に不変な時系列要素から分離する方法である。残念ながら、これらの成分を分離する方法は、時間的に不変な成分への転換にさいしてゆがみや恣意性をもちこんでしまう。たとえば、高次の階差法はある一定の周波数をもつ周期的な成分の振幅を増幅させ、あらゆる周期的成分をさらに高い周波数にシフトさせるであろう（Fishman, 1969：61）。さらに多項式によるトレンドの除去とフィルターは、そのトレンドを生む過程にかんして、ある種のアプリオリな仮定を必要とする。むしろ時系列の分析は、経済過程の不変な構造と可変な構造を内的に再生産するモデルに基礎をおくべきである（Bennett, 1979：323）。しかしながらそのためには、その過程の適切なモデルを定式化するために実際的な理論を展開しなければならない。

経済時系列のもう一つの重要な特徴は、観察値から独立ではないということである。一九八六年のGNPが一八八五年のものより一九八五年のものに近いということは、大いにありうることだ。だから一九八五年にかんする間違った推定が、一九八六年の間違った推定を引き起こすこともありうる。統計用語でいえば、誤差項の系列相関である。スルツキー＝ユール効果は、系列相関の存在するランダムな過程が規則的にほぼ周期的な変動を形成する、ということを示している。スルツキーが示した決定的な問題は、経済変動が存在しないということではなく、規則的な経済変動が経済過程よりもむしろランダムな過程の結果によっても生みだされるということである。変動の規則的パターンの存在はその背後に規則的な過程が存在するということを示唆するものではないのだ。持続的な影響を及ぼす「ランダム」ショックが長期的な変動の現象をあたえることもありうるのである。そしてもしこれらのショックが短期的な景気循環に関連しているならば、その変動はほぼ周期的に現われるであろう。(3) こうしたことは経済循環の分析が絶望的な努力であることを意味するだろうか。もちろん、否である。それは、系列相関の存在するランダムな過程の構造をモデルのなかで再生産しなければならないということを意味するにすぎない。

テーラー＝コインが採用した手法は、可変な時間か、系列相関か、そのいずれかをはっきりと説明することに失敗している。これらの特徴がとり除かれた結果を理解するために、かれらの手法の数学的特性をより立ち入って検討しなければならない。それにくわえて、われわれはテーラー＝コインがこの手法の結果をまちがって解釈していることをみるであろう。テーラー＝コインの手法の基本的な論理は、時系列に多項式回帰を使うことである。多項式回帰をつかえば、曲線にフィットするであろう。実際、k-1 次の多項式回帰はk点に完全にフィットする。しかしシュンペーターが述べていたように、「最良のフィットはときにはもっとも大きな虚偽である」。k-1 次の多項式は「過度にフィットする」であろう――時系列の確率的誤差項がその式に導入されるであろう。事前の知識を欠く場合、段階的多項式回帰への古典的アプローチは、もっとも低い次数で始め、統計的に有意な最初の回帰式で止めるべきである（Bock, 1975：186）。これは過度のフィットの問題に対する、仮定を最小限におさえる解決法である。テーラー＝コインはこの手順を逆転せている。かれらは、自分たちの関心をひくもっとも高い次数に至るまで回帰式をフィットさせている。有意な式（1980）もしくは大きな分散を説明する式（1988）は、いずれも客観的に確認された波形を表現するモデルとみなされ、それ以降の経済過程にもフィットさせられる。たとえば、一次、二次、および三次の多項式が有意であると見出される時系列を検討すると想定しよう。仮定されているのは、これがつぎのことを意味するということである。すなわち、経験的に観察された時系列をその加法式が含むような、そういった次数に照応して現実の波形が存在する、ということである。一次の多項式から得た予測値は、そのあとで残差R1をうみだした観察値から引かれる。二次の多項式はそのあとでR1に対してフィットさせられる。最後に、三次の多項式は二次式のモデルの残差（R2）に対してフィットさせられる。こうした回帰からえられた推定値は、テーラー＝コインによって、波形の局面、振幅、周波数を決定するのに用いられている。

残念なことに、テーラー＝コインはかれらが使用している特定の数学モデルを詳細に記していないし、多項式回帰にかんする最近の文献を引き合いに出してもいない。おそらくこれは、数学的な訓練をうけていない読者のためにかれらの記述を単純化したことによるものであろう。ともかく、かれらの手法にかんするわれわれの理解は、その数学的構造を検討することで改善することができる。多項式回帰モデルはつぎの形式をとる。

$$(1)\quad Y(k) = b_0 + b_1X + b_2X^2 + \cdots + b_kX^k + \in,$$

そこではkは多項式の次数、Yは応答変数、Xは独立変数（この場合は時間）、bは係数推定値、そして∈は誤差項である。このモデルはきわめて簡単に線形の回帰式に変換することができる。そのさい、

$X = X_1$, $X^2 = X_2$, $X^k = X_k$ となる。この方法で転換された多項式回帰は最小二乗回帰分析に一致する。それは同一のアルゴリズム、検定、および仮定をもつ（Dunn & Clark, 1974 : 300）。しかしテーラー＝コインは次のように言う。「もっとも良好なフィットを示す二次式以上の多項式を直接計算することはおどろくほど複雑である。」（1980 : 149） テーラー＝コインによれば、唯一の回避策はフィッシャー（Fisher, 1958 : 151-56）によって提示された直交化にもとづくアルゴリズムを用いることである。なるほど高次の多項式回帰をあてはめることはコンピューターの発達以前には難しいことであった。しかし現在では問題にならない（Dunn & Clark, 1974 : 304）。けれども、直交化は精確さの観点からは正当化されない。というのは高次の多項式が「十分に条件づけられていない」からであり、すなわちその回帰分析の手法が独立変数相互の効果を識別できないからである。さらに直交化された変数が特定の観察値のために計算されると、回帰係数の計算が極端に単純化される。直交化を完全に示すには十分なスペースがなかったにしても、ひとつの不可欠な点が示されていなければならない。すなわち直交化は従属変数を転換するが、しかしそれは最小二乗法の標準的な仮定を変えない、ということだ。――シュンペーターが上述の引用で述べたのと同一の仮定である。[4] 以下の議論においてわたしは、テーラー＝コインが採用した手法を分析的に解析するために、それを定式化しようと思う。そのあとでわたしは、シミュレーション実験によって分析結果を示す。

段階的多項式回帰の手法のために、時系列の現実値が、線形のトレンド、ほぼ周期的な成分、そしてランダムな変動の線形結合である、と仮定する必要がある。この仮定は理論的基礎上では疑問を残すが、この分野の多くの研究者がおく仮定である。[5] しかし現実系列を「観察不可能な成分」に分解することは、前に論じたように、多くの深刻な方法論的問題によって混乱させられてきた。テーラーの主張は次のようなものである。段階的多項式回帰によって、その成分が統計的な恣意性をもちこむことなしに分解される、もしくはアプリオリな諸仮定をおくことによって分解される、というものである。しかしながら、わたしがここで分析的に示しているように、線形結合という当の仮定が、現実系列をその理論的成分に分解することを妨げる。直交化された多項式回帰は、偏りをもつことなしに、結合された過程の曲線にフィットする。しかしその多項式回帰はその過程を諸成分に分解しようとすれば、かならず偏りを導入することになる。

テーラー＝コイン（1980）の方法論的イノベーションは、異なった、ほぼ周期的な諸成分が孤立的に引き出され、多項式によってモデル化される、という主張にある。多項式が単一の変動過程にフィットする能力はよく知られている。もっとも、「フィット」は依然疑問を残したままではあるが。しかし現実系列の数学形式が多くの観察不可能な成分の線形結合であるとき、その形式はいったい何を意味するのか。ここでの叙述を簡単にするために、現実過程が四つの成分——線形のトレンド、二次と三次の多項式からなる二つのほぼ周期的な成分、そして系列相関をもつランダムな変動——から成立すると仮定する。

(2)　$$Y = \beta_0 + \beta_1 t + \sum_{i=1}^{2} \beta_{i+1} t^i + \sum_{i=1}^{3} \beta_{i+3} t^i + \in$$

ここでYは現実系列、tは暦年時間、∈はランダムな変動、そして各βは真の勾配係数である。独立変数（tとそのべき指数）はテーラー＝コインによってかれらの手法で直交化されている。これは多項式の最小二乗回帰分析における共線性の問題をとり除くことである。さらに直交化された変数は便利な性質をもつ。すなわち高次の変数をはぶく回帰は低次の変数の勾配係数にかんして偏りのある推定値をうまない、ということである。

(2)式を拡張し、もとの独立変数のかわりに直交化された変数を用いると、次の式をえる。

$$(3)\quad Y = \beta_0 + \beta_1 Z_1 + (\beta_2 Z_1 + \beta_3 Z_2) + (\beta_4 Z_1 + \beta_5 Z_2 + \beta_6 Z_3) + \in$$

ここでZiは直交化された変数、括弧のなかの値は拡張された多項式である。zのいくつかが一回以上あらわれることを注意しておこう。これは、独立した、ほぼ周期的な成分が多項式によってモデル化されうる、という主張の結果である。結合式はテーラーの手法をつかって確認される。しかし二倍にされたzの勾配係数は次の回帰式においては分離されない。

$$(4)\quad Y = \beta_0 + \beta^*_1 z_1 + \beta^*_2 z_2 + \beta_6 z_3 + \in$$

ここで

$$\beta^*_1 = \beta_1 + \beta_2 + \beta_4$$
$$\beta^*_2 = \beta_3 + \beta_5$$

(4)式は最小二乗法をつかって正しく確認される。けれどもこれは、波形の成分を同定する問題を解いたことにはならない。

テーラー＝コインの手法の第二段階は「有意な」多項式次数の再推定を含んでいる。たとえば、上で構成したモデルのなかで、一次、二次、三次の多項式が「有意な」結果をうむと仮定した――すなわちそれぞれの次数の多項式が、前の次数の多項式に対する、追加的過程の分散を有意に「説明」する、ということである。テーラー＝コインの手法の第二段階において、われわれは最初に原系列をつかって一次のトレンドを推定する。前述のように、この手法はそれぞれの推定値の残差にもとづいて繰り返しおこなわれる。この手法の意図は、トレンドの推定値がトレンドの成分だけをとり除く、そして二次の推定値が二次の成分だけをとり除く、等々、であると思われる。しかしこの手法は異なった成分を分離して摘出することではない。実際われわれは、第一段階の後ですでにもっていたと同一の情報をもつことになろう。

直交化された変数を回帰式の中にもちいる利点の一つは、定義上その共分散がゼロになるということである。その結果として、直交化された多項式変数の勾配係数は、直交化された変数のいくつかがはぶかれた場合でさえ、安定的となる。どれほど多くの直交化変数、もしくはどの直交化変数がどの特定の回帰式に含まれるのか、こういったことは問題ではない。勾配係数は安定的なままであろう。しかしそこには問題がある。再推定の手法は単に結合式の推定値の結果を二倍にするだけにすぎない。R1はトレンドの回帰式の残差を表現し、R2は二次の多項式の回帰式の残差を表わすとしよう。そのとき

(5) $Y = B_0 + B_1 z_1,$

(6) $R1 = C_0 + C_1 z_1 + C_2 z_2,$

(7) $R2 = D_0 + D_1 z_1 + D_2 z_2 + D_3 z_3,$

ここで

(8) $E(B_1) = \beta^*_1,\ E(C_2) = \beta^*_2,\ E(D_3) = \beta_6;$ および $E(C_1, D_1, D_2) = 0.$

勾配係数は変化しないだろう。ただし、それに対応した直交化変数による変動がすでにとり除かれているところをのぞいて、である。要するに、直交化された多項式回帰は偏りなしに多項式成分の結合式を推定することができる。だが、結合式のさまざまな成分を分離することは不可能であろう。おそらく、わたしがこの手法の第二段階を正しく解釈していない場合には、テーラーの方法によって明らかにされたことが評価されるであろう。

こうした分析結果はシミュレーション実験をつかってチェックされた。回帰は線形のトレンドと二つの循環に対しておこなわれ、その上でそれらのシュミレートされた系列の合計に適用された多項式回帰の結果と比較された。使用した式はつぎのとおりである。

(9) $\mathrm{TREND} = 100 + 3t;$

(10) $\mathrm{CYCLE1} = 10 * \sin(\pi t(1/100));$

(11) $\mathrm{CYCLE2} = 30 * \sin(\pi t(1/50));$ および,

(12) $\mathrm{COMBINED} = \mathrm{TREND} + \mathrm{CYCLE1} + \mathrm{CYCLE2}.$

そこにおいて、tは[一九〇〇、一九〇一、……二〇〇〇]の指標である。CYCLE 1は一九五〇年で単一の最大値をもつ曲線をうみ、他方、CYCLE 2は一九二〇年代半ばにおいて最大値を、そして一九七〇年代中頃に最小値をうむ。(「シミュレート系列」のグラフにかんする図1をみよ(12式))。このシミュレーションにおける波形はランダム・ノイズによって影響されていない。そのうえ明瞭な周期性を示している。事実上、テーラー＝コインの手法では労せずに時系列があたえられている。表1はこのシミュレーション結果を示している。容易に理解されるように、その手法の第二段階はわれわれが予測したように、その成分にかんして偏りのある推定値をうみだしている。図2と3は、グラフの上で、トレンドと長期循環の波形にあたえるこの偏りの影響を示している(「trend」あるいは「cycle1」と表示されている直線は実際のデータにしたがって描かれた曲線である。他方、「ptrend」あるいは「pcycle1」と表示された直線は第二段階の回帰によって描かれた曲線である)。短期循環はおそらくとらえられていないと考えられる。というのも、二次の直交化多項式から三次のそれへのR^2における変化がわずか〇・〇〇〇〇一にすぎなかったからである。これは短期循環の分散が長期循環の分散よりもはるかに大きいものであったという事実にもかかわらず、そうであった。したがってこの手法は偏りのある推定値をう

表1　現実の係数推定値と分解された係数推定値

手法[1]	波形			
B0	B1	B2	B3	R2
PLS	Trend			
100	3	NA	NA	1.00
PLS	Cycle1			
-.502	.411	-411E-2		.997
PLS	Cycle2			
31.2	-.727	.169E-2	.171E-4	.579
1ORLS	Trend			
253[2]	3	NA	NA	1.00
1ORLS	Cycle1			
6.30	-.760E-2	-.411E-2	NA	.997
1ORLS	Cycle2			
.187E-1	-.555	.169E-2	.171E-4	.579
EXPECTED 1ORLS	Trend + Cycle1 + Cycle2			
259	2.44	-.242E-2	.171E-4[3]	NA
1ORLS	Trend + Cycle1 + Cycle2			
259	2.44	-.242E-2	.157E-4[4]	.965
EXPECTED 2ORLS	Trend			
259	2.44	NA	NA	NA
2ORLS	Trend			
259	2.44	NA	NA	.964
EXPECTED 2ORLS	Cycle1			
0	0	-.242E-2	NA	NA
2ORLS	Cycle1			
.187E-13	.597E-15	-.243E-2	NA	.018
EXPECTED 2ORLS	Cycle2			
0	0	0	.171E-4	NA
2ORLS of Cycle2				
-.158E-14	-.479E-17	.768E-18	.157E-4[5]	.0003-94

1　多項式最小二乗
1ORLS—直交化された最小二乗;第一段階
2ORLS—直交化された最小二乗;第二段階
EXPECTED—分析結果にもとづく期待値

2　発生過程が100という一定値をつかったことを知っているから、この結果は正しくないようにみえるかもしれない。しかし直交化は独立変数間のすべての共分散をとりのぞく。高次の直交化変数はもはや低次の変数のいかなる割合も「含まない」から、係数は異なるだろう。

3　この推定値の標準誤差は.799E-4であった。

4　この推定値の標準誤差は.801E-4であった。

5　.801E-4の標準誤差

図1　シミュレート系列

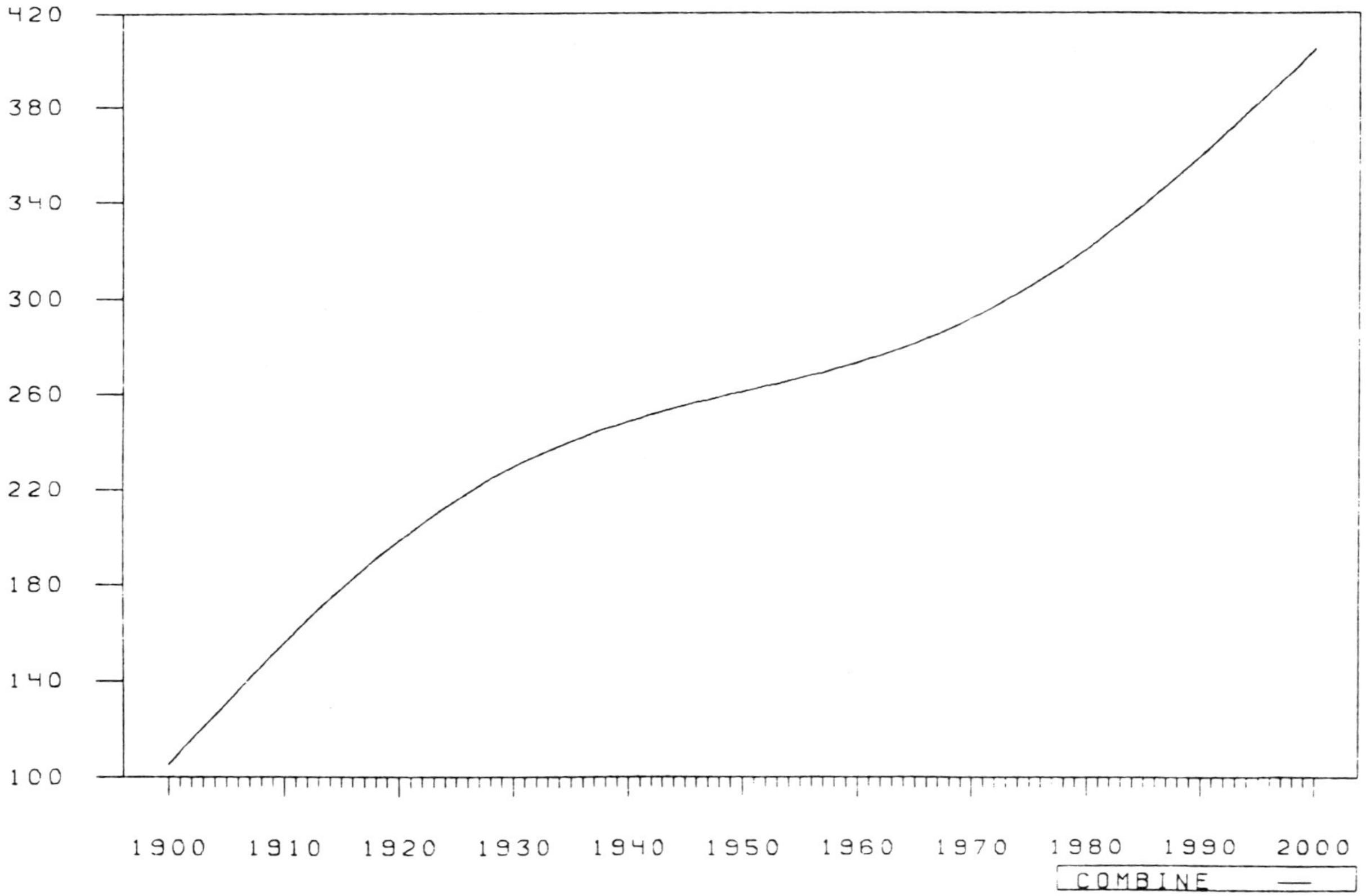
420
380
340
300
260
220
180
140
100
1900
1910
1920
1930
1940
1950
1960
1970
1980
1990
2000
COMBINE

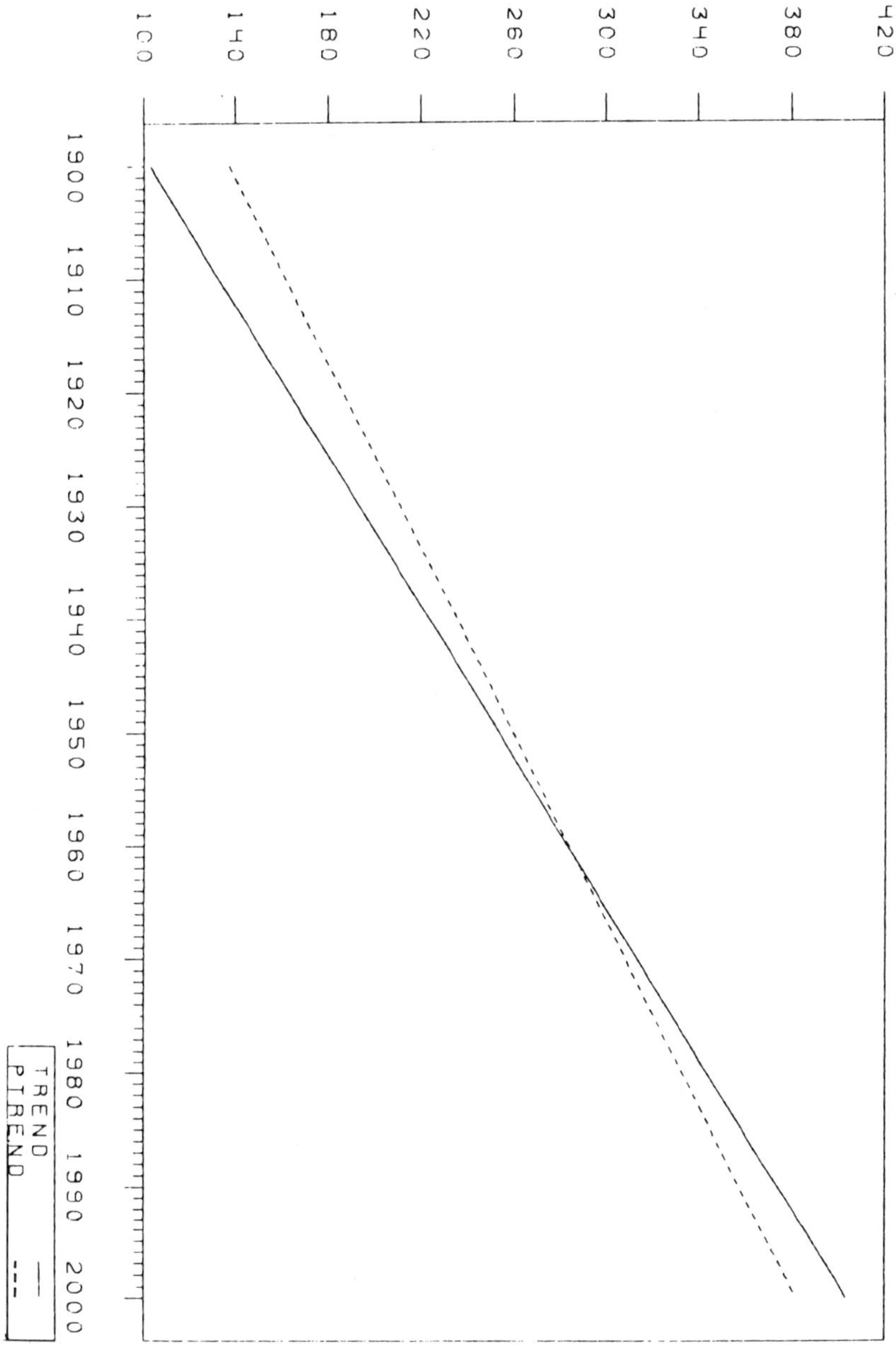
100
140
180
220
260
300
340
380
420
1900
1910
1920
1930
1940
1950
1960
1970
1980
1990
2000
TREND
PITREND

図2 トレンド系列

図 3　長期循環

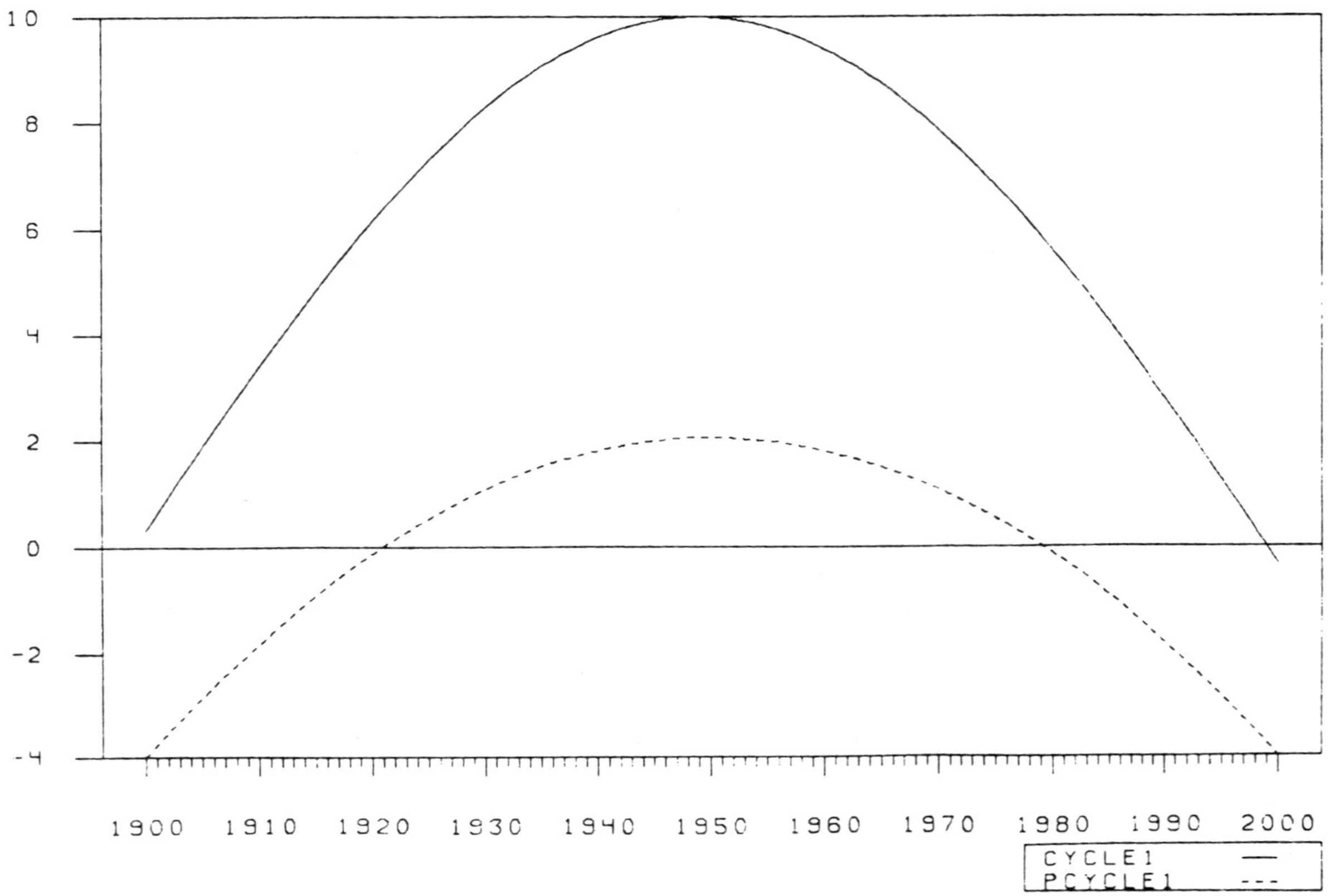
10
8
6
4
2
0
-2
-4
1900
1910
1920
1930
1940
1950
1960
1970
1980
1990
2000
CYCLE1
PCYCLE1

みだすばかりでなく、循環の成分を正しく識別するうえでも失敗している。

テーラー＝コインの手法の欠陥は、単に曲線へのあてはまりの良さという点からしても深刻である。しかし偏りのない曲線へのフィットでさえ、解釈する上できわめて難しい。われわれは誤差項の系列相関が時系列データにおいて発生すると予測しているのだから、重要な点は回帰分析の前提に対する、こうした侵害がもたらす結果を理解することである。正の系列相関が存在することによって、パラメータの推定値の標準誤差は実際の値より小さくなるであろう。このことによって回帰式はその実際の値より統計上有意にみえるようになる。ダービン－ワトソン比――これは系列相関にかんするテストである――は、一八八九年から一九八二年にいたる合衆国GNPに直交化多項式回帰を適用すると、正の系列相関が発生することを示している。系列相関はまたさらに深刻な方法論上の問題をうむ。誤差項の系列相関は時系列においてほぼ周期的な変動を引き起こす（Slutzky, 1937 : 114-17）。われわれはこの問題を単純な自己回帰トレンドと自己相関ランダム過程をつうじて合衆国のGNPをシミュレートすることで示すことができる。

本質的にわれわれが示したいことは、合衆国のGNPの変動が循環過程によって引き起こされるという見解に対する「帰無仮説」を提示することである。この「帰無仮説」は、可能な、もっとも仮定の少ない方法で、水準の長期的変化（トレンド）を説明し、そしてトレンドからの変動を説明する。トレンドは前年度の水準からの一定の成長率を提示することで説明できる。われわれの知るところによれば、最小二乗法によって推定される場合、そのようなモデルの残差には系列相関が存在する。系列相関を説明するもっとも単純な方法は一次の自己相関の存在を示すことである。言いかえれば、どの年の誤差項も前年の誤差項に相関しているということである。モデルはつぎのようになる。

$$(13)\quad Y_t = B_0 + B_1 Y_{t-1} + u_t,$$
$$u_t = pu_{t-1} + \epsilon_t,$$

ここで∈は平均ゼロの正規分布した確率的誤差項であり、一定の分散である。われわれはこのモデルが理論的に受け入れ可能であると主張しようとしているのではない。単に、背後の過程を「説明」するのに控え目にみて適切である、と言っているにすぎない。驚くべきことに、一八九一年から一九八二年にかけてのアメリカ合衆国のGNPにかんするこのモデルが、その単純性をあたえられたものとすれば、相対的に良好な結果を示す（t値は括弧のなかに示されているが、その値は低い）。

$$(14)\quad USGNP = \underset{(3.54750)}{3.00764} + \underset{(.0822077)}{1.02151}\, USGNP(t-1) + \underset{(.995436)}{.297285}\, u(t-1)$$
$$R2 = .997$$

しかしながらわれわれは、このモデルがテーラーのモデルより良好にデータを「説明する」ということを示そうとしているのではない。というのはテーラーはそのデータを説明するためにでなく、波形を提示するために段階的多項式回帰を使っているからである。われわれが指摘したいのは、このモデルが確率的誤差項でもってシミュレートされた場合にも、段階的多項式回帰をつかって波形として見つけ出されたような変動をうみだす、ということである。正規分布した疑似（コンピューターによってうみだされた）乱数の系列が、単純モデルの残差と同一の平均と標準偏差をもって生み出された（$\mu=.00248016$, $\sigma=15.1482$）。一八八九年のGNPが初期値としてつかわれた（四九一億ドル）。そのあとでシミュレートされたGNP系列は、段階的多項式回帰をつかって分析された（表2をみよ）。ランダムな過程であるという点から予測されるように、波動の形は現実のGNPデータから推定されたものと異なっているが、波動の存在は多項式回帰の手法によって確認される。

表2　段階的多項式回帰の結果

多項式の次数	近似的な周期（年）	R2 USGNP 1889–1982,	R2 シミュレーション 1958年価格
1	—	.846	.906
2	188	.983	.968
3	94	.993	.987
4	63	.993	.990
5	47	.994	.990
6	38	.994	.996
7	31	.994	.996
8	27	.994	.997
		Taylor and Coyne, 1980 6USGNP 1920–1972, 1967年価格	
1	—	.913	
2	106	.940	
3	53	.943	
4	35	.950	
5	27	.952	
6	21	.971	
7	18	.971	
8	15	.975	
9	13	.981	
10	12	.981	
11	11	.985	

一次の系列相関の確率的誤差項過程をもつ自己回帰成長トレンドの単純モデルは、多項式回帰の手法によって波形として見出される規則的変動をうみだすであろう。これは、規則的変動がここで提示されたような単純な過程によって現実にうみだされている、ということを意味するものではない。それが意味することは、段階的多項式回帰がランダムな過程がうみだした変動を確定した過程が生み出したものから識別できないということだ。多項式回帰は機械的に曲線にフィットする。問題は、われわれがこの方法によって確認された波動を解釈する術をもたないということだ。そして、波動の同定を帰納的におこなう場合でも、きわめて慎重におこなう必要がある。系列相関が時系列のあいだに見せかけの相関を引き起こすから、さまざまな系列からえた波動を比較すれば、誤りに気づくこともある。発生過程を実質的に理解しなければ、われわれはイエス像のまわりに集る群衆のように聖油桶のわきにたつにすぎない。すなわち運命が創造したパターンをみつめても、われわれが隠された力の動きを見ているのか、それとも偶然の幻想をみているのか、分からないということになる。

テーラーは、この方法が周期性もしくは定常性にかんして何の仮定も前提しない、と主張している。厳密にいえば、それは真実である。しかし仮定は設定されている。第一に、定常性はデータをうむ過程が時間をとおして一定の分散をもつことを必要とする。言いかえれば、平均からの値のばらつきが時系列をとおして一定でなければならないということである。推定値が有効ならば（そうでなければ信頼テストは正確なものとはならない）、最小二乗法もまたこの仮定が残差に対して正しいことを必要とする。直交化はこの仮定をかえない。だが、この仮定が経済時系列の中では損われると疑うに十分な理由がある。もしある特定の期間が大きな不安定性を含むなら、分散の一定を仮定することはできない。たとえば、アメリカ合衆国のGNP系列においては、一九三〇年から一九五〇年までの危機の時代に対応する観測値は、それ以前もしくはそれ以後の時期における観測値よりもはるかに大きく変動している。もちろんこの種の問題は、回帰分析においてしばしば現われるものである。したがって、その深刻さはつねに程度問題である。重要な点は、科学的分析においては仮定がつねに設定されているということであり、必要なことはこの仮定がはっきりと示され、この仮定が損われた場合の結果を理解することである。第二に、多項式回帰が循環の周期性にかんして仮定をいっさい設定しないにしても、それは波動の性格とその相互の関係にかんして仮定を設けている。われわれが主張するように、周期性にかんする一切の仮定の排除は、分析における最小限の仮定を犠牲にして獲得される。けれども、多項式回帰は、それぞれの変則的な周期性にたった一つの波動が存在するにすぎないということを仮定する。もし二つないしはそれ以上の波動が同一の周期に存在し、しかも相互に局面が異なっているのなら、確認されるのはそれらの重なりあいである。この方法もまた最終的な時系列がさまざまな波動の加法結合であると想定している。しかし発生過程が非線形的な方法で相互に関連しあっているなら、同定される波動は背後にある過程と何の関係もないものとなる。

テーラー（1988）は多項式回帰が「波動の原因あるいは波動がとる形態に関わる非アプリオリな仮定」を設定していると述べていた。しかし多項式回帰は、波形が時間にかんする線形の関数によって生みだされると仮定している。関数が本来非線形である可能性は大きい。メンシュ（Menshc, 1975：73）は、長期的な経済変動の背後にある原因が断続的な革新的衝撃であることを理論化している。そのさい波形はロジスティック曲線の系列であり、その重なり合いが周知の波動状の、だが上方へと動くG

NP系列を出現させる。衝撃の特性は非線形であるから、多項式回帰はメンシュの提案をテストできない。メンシュの仮説にとって「トレンド」は、過程を創造する変動から分離できる成分ではない。しかしながら一次の多項式は、「トレンド」(水準の変化)をより高次の多項式で同定される波形から区別するだろう。非線形過程は、長期的な経済過程を成功裏に示している、どのような説明にとっても重要な成分になりうる。

最終的には、問題は解釈の問題である――曲線へのフィットが基礎にある過程についてわれわれに何を教えてくれるのか。波形の同定が真に仮定から自由であって、恣意性を免れているのならば、その結果はもっと多面的な解釈に開かれる。もちろん、これは経験主義の問題である。事実が曲線にフィットするのか、あるいは歴史的事件がフィットするのか、事実それ自体が語ることは決してない。曲線へのフィットは良くて示唆的であるにすぎない。それを「説明的データ分析」と呼ぶことによって、その行為を正当化することは決して悪いことではない。われわれがみるテーラー・アプローチの厄介な点は、かれの採用する特殊な手法が生みだした偏りをのぞけば、次のような強い主張をおこなっている点にあるように思われる。すなわち、客観的で、ほとんど機械的なテクニックは、統計的な恣意性やアプリオリな仮定にとらわれずに、時系列データの中に隠されている変動を明らかにするためのものである、という主張である。段階的多項式回帰は変動を生みだす過程にかんしても、データ系列の統計的特性にかんしても仮定をおくことを必要とする。この方法は、確定的な過程によって生みだされた変動を系列相関をもったランダムな過程が生みだした変動から識別できない。――循環研究における統計的恣意性の根源がここにある。要するに、この手法に対する要求がその実際の能力をはるかに越えているのだ。

このことは循環研究が希望のない研究であることを意味するのか。問題を再定義すれば、そのようなことにはならない。多数の個別の循環から一般化することによって、基礎にある過程を理解しようとするならば、どこにも希望は見出されないであろう。多変量テクニックは、ランダム過程を理解するにあたって計量経済学者がなし遂げた実際的な進歩によって補完される。そういったテクニックが単一変量の方法が示した解釈と同じ困難に直面するとは単純には言えない。基礎にある過程を描こうとするモデルを直接的に検証することはできる。このことをここで示すに十分な紙幅はないが、若干の例を引用できる。計量経済史家はアメリカ合衆国における「産業革命」にかんして多くのモデルを発展させてきた。これらのモデルを最終的には受け入れることができないにしても、理論的な議論にとって有益な焦点として役に立つ。一八七〇—一九一三年の大不況にかんするアーサー・ルイスの研究（Authur, Luise, 1978）はテクニカルな困難から解放されてはいないが、多変量解析の方法とデータ処理を有効に結びつけている。ルイスにとっては、大規模な変動が、資本主義世界経済の中の相互に関連しあう経済過程を研究するさいの出発点となっている。ソパー（Soper, 1978）が採用した単一変量テクニックは、多変量解析の方法をつかってテストされる長期波動の理論を構成するさいに、かれの役に立っている。十分な理論理解があれば、変動はそれ自体が意味をもつ文脈の中で再解釈される。特殊な波形は、それを生みだす過程を理解することほど重要なことではない。理論化、モデルの作成、そして検証にもとづいたアプローチは、過度の主観性を要求するようにみえるかもしれない。しかしそうしたアプローチは、科学的知識の実際的な基礎である機械的テクニック以上に合理的な判断である。

一九世紀以前のさまざまな時系列データが不足しているということは多変量解析にとっての問題であ

る。一組の統計的ツールと数学理論の体系として理解されるスペクトラル解析は、この早い時代の研究にかんしては多項式回帰よりもすぐれているが、その利点は自己の分析の仮定と不確実性をはっきりと定義できるという点にある。さらにスペクトラル解析によって、系列相関の影響を抑制しながら、時系列のクロス相関分析をおこなうことができる。われわれの知識は不完全だが、しかしそうしたことは非数量的な歴史分析にもあてはまることだ。はでに売り出された方法や新たに発見された循環から、批判や再生不可能性へと至る循環研究のサイクルは生産的なものではなかった。われわれの努力は、理論の発展と新しいデータ系列の構築をめざした、よりましなものであった。一九六〇年代中頃より発展してきた統計ツールの体系は、資本主義の基礎過程の分析に直接着手するのに十分な支えとなってくれる。

（遠山弘徳訳）

註

（1） Bennett（1979：1）もまたシステム科学の観点から同様の議論をおこなっている。

（2） このことから Abramovitz は、N.B.E.R〔全米経済研究所〕の基準循環を妥当な時間間隔の尺度として使用するに至っている（Soper, 1978：101-05）。Friedman and Schwarz（1982）は同様のテクニックを応用している。（暦年で測られた系列が基準循環との関係によってなめらかにされている。）

（3） このタイプの説明にかんしては、Friedman and Schwarz（1982：606-07）をみよ。

（4） Dixon が述べているように、「〔直交化最小二乗法〕によって見出された係数は……最小二乗法原理から直接導かれた係数と同一である」（1969：6）。わたしは一八八九年から一九八二年までのアメリカ合衆国ＧＮＰの直交化多項式回帰にかんする係数を計算した。そのさい計算は Dixon が与えた定式を使うことによっておこなわれ、また同時にGram-Schmidtの手法にかんしてDraper and Smith（1981：275-78）が議論したような逐次回帰をつうじて導かれた直交化変数を相互に回帰させることによっても行なわれた。どちらの方法も同一の結果を生む。

（5）しかしながら、Schumpeter（1939：198-200）が主張しているように、統計的に識別された成分は理論的に意味あるものでなければならない。Nerlove et al.（1979）は時系列分析に観察不可能な成分をもちいてアプローチする方法を再評価している。

循環をめぐる問題

——ブリルへの回答——

ジェームズ・B・テーラー

科学とはすべて隠された類似点の中に統一性を追求することである……科学者はそのような類似点を探求することで自然の外観の中に秩序を探し求める。秩序が自ら自分自身を示すことがないからだ。秩序がそこに存在すると言われても、ただ見るだけではそこにはまったく何も存在しない。……秩序は発見されなければならないし、深い意味においては創造されなければならない。

（Bronowski, 1956：23-24）

当初わたしは、ブリルの批判にどのように答えてよいのか分からなかった。だが、それはかれの論点が多くを語っているからではなく、かれの批判がわたしの論文の実際的目的や方法とまったく関係のないもののように思われたからだ。ブリル（Brill, 1988）はかれがテーラー＝コイン法の「背後にある仮定」と呼ぶものを攻撃している。これはまちがった呼び方だ。大体においてかれの批判は、その方法が体現する統計的命題にはまったく向けられていない。それどころか、かれが論争しているのは、かれ自身がわたしのものとする信念の体系である。わたしはそのような信念を少しも持ちあわせていない。だから、どのように答えてよいのか分からず当惑していたのだ。

たとえばかれは次のように言う。わたしが使っている手法は「時系列の現実値が線形のトレンド、ほぼ周期的な成分、そしてランダムな変動の線形結合である」と想定することが必要だ、と。二つの点でこれは間違っている。段階的多項式回帰は「ほぼ周期的な成分」という仮定を必要としないし、線形のトレンドがその分解の成分であると確認される必要もない。一九八〇年の論文の中で報告したことと同じように、ここでの「六ヵ国」論文の中で報告した変動は周期的なものでは決してない。そしてどちらの論文でも、わたしはつぎのような注意を促しておいた。線形のトレンドの除去はゆがみをともなう分解もしくは不確かで曖昧な分解を生みだすだけだ、と。それで最新の論文のなかで、わたしは線形の成分を「C」波動のなかに含めた。

また、わたしが次のことを信じているとも言われている。すなわち「アメリカ合衆国の経済変動が必ず循環過程によって引き起こされる」、そしてそれらの「機械的」過程が「多くの個別的な循環からの一般化によって」説明される、と。わたしにはブリルがそうした考えをどこで思いついたのか理解できない。この問題にかんするわたしの論文は、単に七ヵ国のGNPの振動を叙述しているにすぎない。それは「多くの個別的な循環」を検討することにより原因を説明しようとしたものではない。なるほど確かに一九八〇年の論文の中でわたしは多くのさまざまな時系列を検討し、類似のパターンを示す系列を一つのグループにまとめた。だがわたしは、次のように主張しながら、はっきりとこれを方法のテストとしておこなった。「有効かつ恣意性を免れたテクニックを使えば、同じような循環は……類似した経済的社会的過程のなかに見出されるであろう。そして似ていない循環は似ていない系列のなかに見出されるであろう」(1980：159)、と。そこでは「原因」については何も述べていない。この論文のなかで、わたしは考えうる因果関係を示唆している——しかし純粋に理論的基礎の上で、である。そのようなわけで、わたしはその節に「考察」という表題をつけた。ブリルはわたしが素朴な帰納主義者だときめつけ、わたしに対してつぎのような注意をあたえている。すなわち「事実が曲線に適合するか、あるいは歴史的事実が適合するか、事実それ自体が語ることは決してない」、と。問題にならない。わたしのものとされているこれらの信念も、その他のものも、わたしが現在もっているものではない。この論文ではっきりと否定されたものもある。他方、その分析を丹念に読めば、わたしがその他の信念も持ちあわせていないことが分かるだろう。要するに、ブリルは完璧に合理的な批判をおこなっているが、しかしそれは他の誰かの論文に対してである、とわたしは判断した。

けれども、少し考えてみてから、ブリルを誤解していたことに気づいた。結局、わたしの論文のどれも、かれがあげている問題に対して直接言及していない。ブリルはそれゆえ、わたしがその分野の通常の信念を範例にした、と仮定している。そのようなステロタイプ化した先入観は、残念なことだが、一般的なことである。ブリルもまた恣意的なデータにもとづいて検定を試み、否定的な結果をえている。その論証は無意味である。というのもかれが誤った方法をもちいているからだ。しかしこれはわたしの誤りではなく、かれの誤りだ。そして方法の精緻化は、一九八〇年の論文が公表された後でおこなわれた。そのような精緻化は「六カ国」論文にも利用されたが、そこには記されていない。最後にブリルは、真面目な注意に値する、いくつかの数学的問題を提起している。

ここでの回答では、わたしはその論点のうち二つの点に焦点をあてる。すなわち多くの循環研究に暗黙裏に想定されている形而上学的信念、および一九八〇年以後公表されたテーラー＝コイン法に至るまでの精緻化がそれである。この問題は決定的なもののように思われる。数学的な問題の議論は後に公表するものにゆずる。

循環分析にかんする形而上学的信念を見る上で、ブリルの論文はすぐれた出発点となる。かれが循環研究にたいする古典的な批判を要約してくれたおかげで、この厄介な研究プログラムの主張点を——おそらく新鮮な目でもって——再考できる。

1　信念と成果の問題

循環研究において受容されている伝統を再考することは、二つの処理し難い問題のために必要である。わたしはそれを「形而上学的信念の問題」と「成果の問題」と命名している。「形而上学的信念の問題」ということばによって、わたしは循環と長期波動にかんする文献の多くが暗黙のうちに含む仮定と隠喩のことを指している。「循環」の概念にかんして、とうてい理由とは呼べない理由に訴える（をはねつける）ものがある。すなわち人びとがあたかも霊魂再来説や占星術を信じているかどうかを尋ねられるように、循環の存在を「信じて」いるかどうかを尋ねられる、というのがそれだ。繰り返し発生する循環を信じることは、考古学や神話がもつ多くのものと共鳴する。それは十二宮図のイメージ、終りのない死と再生の循環のイメージ、そして複雑な機構のイメージを喚起する。

昔あったものは、これからもあり、昔起こったことは、これからも起こる……（『伝道の書』1：9）

形而上学的な信念の要素は、大半の研究プログラムの心臓部にある。しかもそれは、とりわけ、循環研究の大きな枠組みとなっている。

もし第二の問題すなわち「成果の問題」が不必要ならば、これはとるに足りない問題にすぎないだろう。循環や長期波動にかんする半世紀にもおよぶ関心は、マクロ経済理論に多くの成果をもたらしたわけでもなかったし、経済の予測能力を高めたわけでもなかった。

これらの難点にもかかわらず、循環の考えは、大規模な社会経済的変化のパターンに関心をもつ研究者にとっては、依然魅力的なものだ。わたしが思うに、これはそれに代わる概念が存在しないからだろう。マクロ経済学それ自体は歴史科学ではない。その説明は長期の歴史時間を扱うのではない。また長期の変化をモデル化したり予測したりする能力はきわめて限られたものだ。循環の考えがこのギャップを埋める。

この節でわたしは、まず最初に、ブリルの論文を資料として使うことによって、循環研究に共通の基礎となっている信念を形式的に特定化する。その上でわたしは、もっと堅固で擁護可能な基礎を歴史分析に提供しうる、一連の代替的な信念を提示する。

A　本質的信念

循環の考えを示すにあたって、ブリルは同質的な知識体系を想定しているが、それは以下のような「ハードコア」の信念をもっている。

B・1　循環——「ほぼ周期的な」振幅を示す波動の形状——が経済時系列の背後に隠されている。「観察された」もしくは「現実化された」系列は、主として個々の循環とあるランダムな変動の合計である。

B・2　各々の循環がある他の「循環過程」によって引き起こされる。

B・3　循環研究の主要な目的は、循環の各々の構成要因を同定することであり、循環過程のモデル（説明）を発展させることである。

ブリルは、「循環過程」という言葉によってかれが何を意味しているのかを記していない。しかしその文章が除外しているものは明らかだ。すなわち「循環過程」は「確定的」であり、それゆえスルツキー＝ユール効果——波動のような振動が、自己相関系列のもとではランダムに発生する出来事のインパクトから生じうる——を含まない、ということだ。一見して「循環過程」は、ほぼ周期的な波形を生みだす、非ランダムな一連の出来事である。

ブリルが主張しているように、信念B・1とB・2は保証されない。周期に近いものを発見することはできそうにもない。というのは「歴史期間におよぶ経済時間の中の出来事は等間隔の暦年に照応しないかもしれない」からである。そのうえ「経済過程が類似した時間と空間に特殊なものである」、そして「分析期間にわたって安定的である」とはいえないのだ。経済の歴史は繰り返されない、たとえ繰り返されたとしても、異なった時代には異なった率で発生する、とかれは主張しているようだ。もしすべての経済過程が所与の期間に特有のものなら、「循環過程」の繰り返しは存在しそうにない。もしそうであるならば、そのときには周期的循環も存在せず、B・1の信念も支持できないものになる。

同一の理由から信念B・2も擁護できない。それゆえ循環のような波形の現象は、自己相関系列のもとで「ランダム・ショック」から生じる単に偶然的なものにすぎない。循環が存在しないのだから、循環過程を説明するために循環の存在を想定する必要もない。説明が必要ないのだから、B・3に述べられているような、循環研究の目的も擁護できない。

完全を期するために、わたしは、ブリルによっては示されていないが、これにかんする研究文献に一般的なもう一つの信念をつけ加える。

B・4　循環はほぼ周期的であるから、その循環性にかんする知識があれば将来の経済変動を正確に予測することができる。

信念B・1とB・2が誤りならば、明らかにB・4も誤りでなければならない。周期性にもとづいた予測は、周期性が存在しなければ不可能なことだ。

これらの反論すべてが次のひとつの主張から派生していることに気づかれるだろう。すなわち周期性は、「真の」ものであれ「近似的な」ものであれ、歴史データのなかに存在すると期待されるようなものではない、という主張だ。周期性が存在しないのなら、定義によって循環も存在しない。そして循環が存在しないのなら、すべての循環理論およびすべての循環予測が幻想の中でのこととなるだろう。

B　方法論的信念

右の四つの本質的信念から適切な手法や方法にかんする他の信念が出てくる。ブリルは主要な方法論的信念についてきわめてはっきりとした態度をとっている。だが、かれはそれをそれほど気にいってい るわけではない。

M・1　波形を発見するために、時系列をその「線形トレンド、ほぼ周期的な成分、そしてランダムな変動」に分解する。この手法の目的は背後にある過程が生みだす特有な循環形態を分離してとり出すことである。（ブリルはこの目的をはっきりとは示していない。しかしそれは、テーラー＝コイン法によるその目的の達成が「失敗」したことを示すさいに、あきらかに暗示されている。）

ブリルはもう一つの発見法を示しているが、かれもその方法には賛意を示していない。

M・2　多くの個別的な循環から一般化して、背後の過程を説明すること。

これらの方法論的ルールはデータの経験的分析に強く依存しており、理論的モデルをまったく持たずに出発している。だから、そうしたルールは「フィットさせられる曲線が……それ自体で語る」という考えを体現していると言えるかもしれない。

ブリルの主要な方法論的批判はルールM・1にその中心がある。すなわち循環分析の「分解」方法である。基本的にかれは、分解によって「現実化された循環」がその基礎で作用するほんとうの過程を示すことはめったにないと主張する。かれの主張のとおりならば、M・2のルールにしたがって循環と呼ばれるものの説明もまた、誤りということになろう。

ブリルは分解の結果が誤解されるいくつかの方法を示している。

●現実化された循環は、同一の周期性で存在するが、相互に局面の異なる二ないしそれ以上の波動の並置の結果生じることがあるかもしれない。

●現実化された循環が、曲線をフィットさせるという方法によって導入された人為的な誤差を反映しているかもしれない。

●いくつかの波動が見出される場合には、発生過程が非線形的な方法で相互に関連していることがありうるかもしれない。その結果「同定された波動が背後にある過程とほとんど何の関係もないかもしれない」。たとえば、一連のS字形のイノベーション曲線はあいついで発生するのだが、それは長期的な傾きと同時にそのまわりの振動をも説明するかもしれない。

●最後に、発生する循環現象は自己相関過程のもとで作用しているランダム・ショックを反映するにすぎない。だからそれは循環の原因にかんして何も語っていない。

これらの理由のうちいくつかなり、すべてなりを根拠にして、ブリルは次のように主張する。すなわち現実化された波形を解釈しようとすることが無益なことだということを立証する、と。

これらの問題は十分実際的なものではあるが、しかし致命的なものではない。要因分析、クラスター解析、多次元スケーリング等々を使うさいに、研究者を悩ませる同様の問題リストを作成することができる。時系列の分解は、因果のもつれを解くにあたって採用されるほんの一つのツールにすぎない。全体の結びつきから切り離してとり上げることはできそうにもないが、しかしもつれた部分を解くことには役立つかもしれない。

ブリルの多くの批判を考慮すると、かれが循環分析の放棄を要求しているように思われるかもしれない。だが、そうではない。そのかわりにブリルは通常の手法を念頭に置いている。循環を経験的に発見し、それを理論モデルによって説明するというよりむしろ、かれによればわれわれが理論モデルを第一に展開し、その上でそれを経験的に検証していることになる。かれは次のように言う。すなわち、「一九六〇年代中頃より発展してきた統計ツールの体系は、資本主義の基礎過程の分析に直接着手するのに十分な支えとなってくれる」のだから、この課題のためには新しいテクニックは何も必要とされない、と。かれは周期性の検定のためにスペクトラル解析、および因果の仮説の検証のために構造方程式モデルの使用を勧めているようだ。

わたしにはなぜブリルがこれらの手法を勧めるのか理解できない。というのも「資本主義の基礎過程」は循環をあてにせずとも分析できるからであり、循環過程はおそらくどのような形でも存在しないとかれが主張しているからだ。

2　循環が答えでないとすれば、問題はふたたび何なのか?

一見したところ、循環にかんするブリルの主張は合理的にみえる。としても、次のようなもう一つの問題が残る。すなわち、有能な経済学者や歴史家たちがブリルの攻撃した事柄をなぜ信じていたのか。——特に、シュンペーター、ブローデル、ロストウ、そしてウォーラーステインといった多彩で有力な研究者たちが、である。これは瑣末な問題ではない。循環分析を正当化している基本的な信念が再考されるべきものだとしても、初期のモデルの強味を失わず、重要なものを不要なものと一緒に捨ててしまわないことが肝要だ。

この問題にたいする答えは、わたしの理解によれば、これらの歴史家がブリルによって定義されたような循環理論を信じていない、というものだ。だが実際には、そうではない。その歴史家たちに欠けているのは、真の周期性もしくは近似的な周期性の仮定である。歴史家たちは周期的な循環もしくは近似的に周期的な循環の存在を信じていると言うかもしれない。しかしかれらが循環理論を利用する仕方は、そのような信念を必要としない。循環理論に対する主要な批判は周期性の仮定めぐって展開されているのだから、この仮定が弱められることは、その批判が威力を失うことを意味する。

それでは研究者は何を信じているのか。そしてどのような目的のためにか。

シュンペーター、ブローデル、ロストウ、そしてウォーラーステインは多くの点で異なっているけれども、かれらはある特定の課題を共有している。すなわち四人とも、長期的な歴史期間に見出される現象を説明しようとしているし、歴史の体系的なパターン——特定の時間、出来事、場所をこえたパターン——を追求している。歴史家はこうしたパターンを「観察した」あるいは「発見した」と主張するかもしれない。だが実際には、あいまいな実在物にはあらゆる複雑な認識がともなうように、パターンは、それが発見されると同じほど多くの点で「構成されている」のだ。パターンと説明を構成するという共通の要求が、これらの歴史家を共通の問題に直面させる。

第一に、かれらは広範な期間におよぶ社会変化の主要なパターンを特徴づける――叙述する――問題に直面する。一時的なパターンをみるために、かれらは細部をはぶき、主要な輪郭に焦点をあてなければならない。かれらは世界を、いわば、地上からではなく、宇宙空間にある人工衛星から眺めているようなものだ。歴史を動かすものは波動のような振動であるという考えによって、かれらは細部を無視する。その一方で長期的な変化の主要な輪郭に焦点をあてることができる。

パターンの追求は、ときには、歴史家にとって「時期区分の問題」として現われる。わたしは、このことが究極的には一冊の本を著わす問題に等しいと考えている。自分の物語がいつ始まるかをどのようにして知ることができるのか。そしてその終わりは？　いわゆる「長期的」をどのようにして正当化するのか。たとえば長期的な一六世紀は？　あるいはどの十年間に「理性の時代」が始まるかを知ることができるのか。波動の概念はそのような問題にありうべき回答をあたえる。すなわち、波動がその過程をたどるとき、時代が始まり、終わるのである。歴史家は波動を観察し、その転換点の位置を示す。その結果「歴史は、曲線やその息づかいに応じた新しい点で自らを分割し、それによって自らを説明しようとする。」（Braudel, 1980 : 30）

第二に、これらの歴史家全員が、かれらの努力によって「発見」ないしは「構成」されたパターンがいかにして生じたかを説明する必要がある。すぐれた説明は一般的でかつ仮定を最小限におさえたものであるべきだ。波動のような動きを出来事の表面下に仮定することが、最小限の仮定と一般性をともに有効なものにする。これは波動の原因が知られていない場合でさえ、役に立ちうるものだ。波動は当然のごとく背後にある深遠な「原因」とみなされるかもしれない。（たとえば）社会階級間のコンフリクトの盛衰、「高度な文化」にかかわるテーマの繁栄と衰退、もしくは特定のイデオロギーの出現と終焉を説明するのに波動の変動が役に立つのだ。良くて、そのような説明は優美な秩序を創造できるにすぎず、悪くて、それはトートロジーに陥ってしまう。たとえば、経済不況がコンドラチェフ循環の結果であると「説明される」ように、である。

しかしながら、ここでは、波動のような動きが周期的である必要はない、ということに注意しておこう。唯一必要なのは、長期的な動きを短期的な動きから識別できるということだ。ブローデルとウォーラーステインの著作のなかで循環理論が実際に利用されているその方法を検討してみれば、周期性ないしは近似的な周期性は事実上仮定されていないということが明らかになる。そういった考えにリップ・サーヴィスは与えられているかもしれない。しかしそれは別問題だ。

このようにブローデル（Braudel, 1979）は、アンベール（Imbert, 1959）にしたがって、推定されたヨーロッパの長期トレンドの動き——それは一三五〇年、一六五〇年、一八一七年、そして（おそらく）一九七四年にピークをもつ——により、「世界経済の説明的な時期区分」を与えている。かれが観察しているように、この時期区分はすべてがすべて周期的であるというわけではない。「深いところから打ち寄せる大きな波に、短くなっていく傾向が存在するかの……ように見える」（1979：78）。ブローデルは波動の説明を試みてはおらず、ヴァイオリンの弦と反響板という、ほとんどピタゴラス的比較を用意している。かわりにかれは次の理由から、諸時代にかんする概括的日付を採用する。「もしこれらの時点が確認されたなら、引き合いに出される経験の全範囲にわたっていくつかの有効な比較を提示し、

実質的に保証すべきである。というのも、それらの時点が類推的状況に照応するからだ。」(1979：78)

短期のコンドラチェフ波動にかんするブローデルの議論も、同様の論理にしたがっている。かれの議論の焦点は波動の原因や統計的証明の精確さにあるのではなく、むしろ時代をこえたパターンの類似性にある。ブローデルは再びアンベールの日付を採用する。ただし、今回は、五つの異なったコンドラチェフ波動のピークが四〇年から五〇年に分離される——時間的には長期にわたるが、周期的ではない——ということを注意せずに、である。

ウォーラーステインは、ブローデルと異なって、世界経済の「拡張と収縮といった波のような流れ」(コンドラチェフ波動)を引き起こす原因に関心をもっている。かれの説明は相対的にゆっくりとした振幅を説明しているように思われるが、しかし周期性を説明してはいない。

理論的には、基本的説明を認識することは厄介なことではない。生産が個々人の蓄積追求にしたがって拡大されるにつれて、世界経済の生産量が世界の有効な所得分配から生じる有効需要をこえる点が規則的に発生する(1984：6)。

生産が有効需要より大きくなるにつれて、経済は停滞する。実質的に新しい過程が市場を拡大する。拡大を再開するように作用するメカニズムのなかには、次のものがある。

(a)機械化の推進および／あるいはこの活動を低賃金ゾーンに再配置することによる……生産コスト

の削減。
(b)新しい中核となるような活動の創造（「イノベーション」）……
(c)……世界的な余剰を中核ゾーンの労働者と半周辺および周辺ゾーンのブルジョアジーに政治的に再配分すること。それによって世界の政治的な需要を増大させる。
(d)世界経済の外側の境界を拡張すること。（Wallerstein, 1984：16-7）

ここでは、過剰生産が厳密なタイム・スケジュールのもとで繰り返し発生しなければならないということには少しも触れられていない。複雑な回復過程がメトロノームのようにもとに戻るだろうとも述べられていない。ウォーラーステインの説明は周期性の仮定をまったく必要としない。

多くの同じことが、ロストウが定式化したコンドラチェフ波動のモデルについてもいえるかもしれない。そのモデルは、波動が「主に世界経済の食料と資源にかんしてその動的な最適生産能力および産出水準を周期的に大きく下回ったり、大きく上回ったりすることによって引き起こされる」（Rostow & Kennedy, 1979：1-2）としている。「大きく上回る」ことは、変動を説明するさいに満足のいくモデルを提供できるかもしれない。しかしそれは、周期性を少しも説明できない。周期性を説明するには、さらに二つの仮定が必要であろう。すなわち、大きく上回る現象を説明するフィードバック・ラグがつねに同一の時間的長さであるということ、そして生産の最適水準に達するのに要する時間がつねに同一であるということ。このような仮定はとても認められそうにない。

シュンペーターについては、かれ自身に語らせよう。

われわれの模型のはたらきの中には経済発展の循環的過程の周期性――もしこの用語が一定の期間を意味するものと解されるなら――を指し示すものはなにもない。そうしてなんのリズムもなんの循環も――あの意味での周期性に関連させてこの両者を定義することをえらぶなら――ない。しかしリズムも循環もはるかに適切な意味では存在している。けだし一定の『力』または『原因』によって動かされる一定の機構のはたらきを通じて秩序正しく好況や不況の交互の段階をもたらす過程があるからである。いままでのところあの過程の単位の期間……についていいうることといえば、それは一定の循環をもたらす特定の革新の性質、それに反応する産業組織体の実際的構造、それぞれの場合の事業界に支配する金融上の事情や慣習によるものだろうということだけである。(1939：143)

そしてシュンペーターは脚注で次のように付け加えている。「著者はなんの躊躇もなしに『厳密な周期性』をもたない『反復』を認めるミッチェル教授と全く意見を同じくしている。」(1939：144)

周期性を認めないのならば、「循環の原因」という考えはどうなるのか。古典的な循環理論において重要なことは、ほぼ周期的な振動を説明できるようなメカニズムを考えだすことであった。われわれは非周期的な振動に関心を抱いているから、もう一つの課題をもつことになる。すなわち、繰り返し発生する振動の特殊なパターンを説明できる特殊な原因を追求しなければならない、ということだ。こうしたことは説明に厳しい要求をつきつけることになる。というのも反復だけでなく、その大きさや時期におけるばらつきをも説明しなければならないからだ。

3 周期性を求める信念が存在するか

さて、もし周期性が決定的なことでないのなら——その記述や説明が必要とされないなら——われわれは自由にそうした考えを放棄できる。その固有の困難を考えると、その放棄は賢明なことのように思われる。

周期性への信仰を放棄すると、多くのことがかなり違ってみえてくる。われわれはもはや一般に考えられているような「循環」を扱っているのではない。しかしそのかわりに、波動に似た「振動」をとり扱っているのだ。われわれは依然その振動を記述し、説明しようとしているが、しかし当初中核に位置していた信念は変わってしまった。修正され、それはもっと容易に擁護できるものになった。

b・1 識別可能な、波動のような振動が経済時系列の中に存在する。

周期性の仮定をとり除くことは周期性の可能性をとり除くことではない。これは明らかなことだ。「識別可能な、波動のような振動」は周期的形態、もしくは周期的なものに近い形態をとる。しかしこれは研究の問題ではなく、信念の問題である。

周期性への信仰を放棄することは方法論的には次のような結果をもたらす。古い見解では、循環はその周期性によって知られていた。周期性が存在しないなら、定義上、循環も存在しないということであった。周期性を評価するには、あきらかにスペクトラル解析が方法的に選択される。

しかし周期性が仮定されない場合には、他の基準が必要とされる。「識別可能な」振動が存在するかどうかをどのようにして判断できるのか。われわれが見るところ、テーラー＝コイン法がそのような判断に基準を提供している。

A　原因のモデル

信念にかんするブリルの最初の命題が修正を必要としたように、かれの第二および第三のものも修正を必要とする。

b・2　波動のような振動それぞれが、一つないしはそれ以上の認識可能な外生的あるいは内生的な過程によって引き起こされる。

b・3　波動分析の主要な目的は波動のような形態のそれぞれの構成要因を識別することであり、その形態を説明するモデルを展開し、テストすることである。

修正された信念b・2にしたがえば、波動のような形態それぞれにかんして、異なった原因を仮定する必要はまったくない。同一の社会的過程が短期的な振動および長期的な振動を発生させるということは、理論的には、可能なことだ。それぞれの波動のような形態がたった一つの原因しかもたない、と仮定する必要はない。さらにわれわれは、自由にどの波動形態にかんしても広範で多様な原因を想定することができる。たとえば、つぎのどれかを想定できるかもしれない。

a　振動が別の波動に似た過程――たとえば、気候の循環、あるいは労働市場への若い世代の参入比率にみられる波動のような変化――によって促進されるということ。

b　振動が速い成長の初期段階を反映しており、そしてそうした成長がその限界に達したときに高原状態になる、ということ。この手のものには、技術革新の普及あるいは資源の枯渇を強調する説明がある。

c　振動が自己均衡システムにおけるフィードバックの遅れによって引き起こされるということ。ロストウ（Rostow, 1980 : ch.2）、フォレスター（Forrester, 1977）およびソパー（Soper, 1978）によって提示されたモデルは大体においてこの手のものである。

d　運動が前段階の状態によって制約されるような、そういったシステムに対する外生的なランダム・ショックから振動が生じるということ。

e　振動が右のものの組み合わせから生じるということ。

ブリルが主張するように、テーラー＝コイン法の利用はこれらの説明のうちのいくつかに同意することを必要とする。もしくはそれぞれの波動に対して単一の原因を設定することを必要とする。これは、数学理論を利用するためには原罪の存在を信じなければならないという主張にかなり似通っている。振動の原因あるいは諸原因については、方法は沈黙する。ブリルがいうように、「究極的には、問題は解釈の問題である」。わたしには、どうしてわれわれが違ったふうに信じているとかれが考えるのか分からない。

B　スルツキー＝ユール効果

前述のありうる説明は、dすなわちスルツキー＝ユール効果を含んでいる。この可能性を一組の「認識可能な諸過程」から排除する理由は何もない。それはあらゆる最終的な説明にとって不可欠な部分を形成するかもしれないのだ。一つの例が景気循環のアデルマン＝アデルマン（Adelman and Adelman, 1959）モデルにみられる。アデルマンたちは、安定的な加速度乗数過程、すなわちその中で外生的なランダム・ショックが波動を生みだすような、そういった乗数過程を仮定している。そこでは、池に落ちた石が消え行くさざ波を生みだすように、どの波も時間をつうじて消えて行く。この手の説明トリックは特定の振動において生じる特定の「ランダム・ショック」を確認する点にあり、そしてそのショックがさらに振動を発生させていく過程をモデル化する点にある。

しかしながら、ある状況においては、スルツキー＝ユール効果を無視することも可能かもしれない。――すなわち独立の諸系列にかんして分析を繰り返し、首尾一貫した発見にいたるときだ。たった一つの時系列しか持たない場合には、その振動がスルツキー＝ユール効果の関数であると考えることも無理のないことである。けれども、さまざまな国の時系列をもつ場合には、われわれは振動がどの程度「ランダム」なものかを評価できる。「六カ国」論文のなかでみたように、すべてのEEC諸国のC波動が類似のリズムで、そしてほぼ同じ時期に上昇したり下降したりしている。だから「純粋にランダムな出来事」という考えを支持するとすれば、それは同一のランダムな出来事がほぼ同じ時期にすべてのEEC諸国に影響を与える場合にかぎられる。こうしたことは実際にはありそうにもないことだ。

さらにわれわれは、スルツキー＝ユール効果をイギリスとアメリカのK波動の説明とするものも除外する。首尾一貫したリード・ラグ関係をともなった、両国の明らかな類似性は、「ランダムな出来事」の影響を否定している。そのような発見を説明するためには、同一のランダムな出来事がイギリスに遅れてアメリカで発生したと仮定するか、あるいはそうでなければ同じランダムな出来事が二つの国で同時期に発生したが、アメリカの反応がつねに遅れていたと仮定するか、そのいずれかを想定しなければならないだろう。どちらの仮定も容認できるものには思われない。

C 予 測

波動の形態が必ずしも周期的なものではないのだから、周期性にもとづいた予測はあてにできない。だが、リード・ラグ関係をさまざまな系列のあいだにみることができるか、あるいは説得的なモデルが変動の原因を説明できるかすれば、予測は可能かもしれない。修正された信念はつぎのようになる。

b・4　波動のような振動が周期的である場合、もしくはそれに近い場合にかぎって、単一の時系列の内部で、将来の振動が過去の変動から簡単に予測されうる。しかしながら、非周期的な振動をもつ場合には、いくつかの予測形式は理論的に不可能となる。このケースで予測が可能になるのはつぎの場合である。

1　単一の系列内部の振動が、推定可能なパラメータをもった、適切に特定化された因果モデルによって論理的に説明される場合。

2　多数の時系列の内部で振動がリード・ラグ効果を示し、かつリード・ラグ効果が持続すると期待できる理由が存在する場合。

D　用語法

周期性の仮定をはずすことで、「循環分析」に対するいくつかの古典的な批判を退けることはできるが、しかしそうすることで、われわれはもはや「循環」について語ることができない。というのはこの用語がかならず周期性あるいはそれに近いものを示唆するからだ。新しい用語が必要である。わたしはその現象を表現するのに「波動のような振動」という表現を提案したい。

4　テーラー＝コイン法の問題

これらの新しい信念は新しい発見法を示唆しており、新しいテクニカルな方法が必要であることを示している。たとえば、信念b・1は「識別可能な波動のような形態」を仮定する。これは波動のような形態が真に識別可能かどうかを決定するためのあるテクニカルな基準を示唆している。信念b・2は広範で多様な説明モデルを可能にする。特殊な事例の中にもっとも容認可能なモデルを選ぶ基準が存在するか。信念b・4が示すルールは、モデルが適切に特定化されているかどうかを判断するためのものであり、リード・ラグ関係を評価するためのものであり、そしてさらに将来のリード・ラグ効果の容認可能性を見きわめるためのものだ。これらのルールはどのようなものか。

これらの問題のうち最初のもの、すなわち周期性の仮定がはずされる場合、波動のような形態が識別可能かどうかという問題に議論を限定する。わたしがこの問題をとりあげるのは、それが他のすべての問題にとっても中心的であり、その解決がテーラー＝コインの手法に体現されているからだ。

A　識別可能性の基準

われわれの修正された信念の第一のものは、「識別可能な、波動のような振動が経済時系列に存在する」ことを表明している。とすれば、次に何が問題となるかは明らかだ。すなわち、いかなる基準によって波動のような形態が「識別可能」であると判断されるのか。

われわれのアプローチの背後にある論理を明らかにするために、再びブローデルに目をむけることにする。ブローデルによれば、もっとも長い波動——推定されている「ロジスティック波」——は一六〇〇年から三〇〇年の長さにわたる振動を含んでいるといわれている。この期間は、コンドラチェフ波動に特徴的であるといわれている四〇—六〇年の周期よりもはるかに長い。ここに示唆されているのは次のような主張である。すなわち、ロジスティック波とコンドラチェフ波動のあいだにはいかなる振動も存在しない。だからどのような振動も（たとえば）七〇年から一五〇年にわたる長さをもつことはない、という主張である。ひき続いて、コンドラチェフ波動の振動すべてが、推定されているジュグラー循環の二〇年振動よりもいちじるしく長い。ここに、どのような中間的な振動も（たとえば）二五—三五年の長さでは見出されない、ということが示唆されている。物理学の用語をかりれば、振動は典型的な「帯域幅」をもつと言えるかもしれない。ブローデルによれば、もっとも長い波動のような形態は一六〇年から三〇〇年の帯域幅をもち、その次に長い波動のような形態は四〇年から六〇年の帯域幅をもつ。そして三番目に長いものは二〇年の帯域幅をもつ。波動のような形態のどれも七〇年から一五〇年の帯域幅、そして二五年から三五年の帯域幅をもつことはない。どのような種類の経験分析がそのような主張を支持するのか、あるいはその誤りを証明するのか。そのような主張を支持したり誤りを証明するために、われわれは時系列データにその期間が短くなっていく振動曲線をフィットさせる。その主張が妥当ならば、われわれは次のことを発見するであろう。すなわち一六〇—三〇〇年の振動を描く曲線は統計的に有意な分散比を説明する。もっと短い期間の振動曲線、すなわち七〇—一五〇年を包括できるような曲線は統計的に有意な分散比を説明しない。四〇—六〇年の帯域幅を包括するために、その曲線がさらに複雑になっていくと、曲線はふたたび有意な分散比を説明する。等々、である。

　現在では、データに振動曲線をフィットさせるのに、二つの数学的に洗練されたアプローチがある。振動がほぼ等しい期間（すなわち、周期的もしくはほぼ周期的）であると信じるにたる理由があるならば、データに三角関数をフィットさせることができる。そして、さまざまな周波数をもつサイン波のフィットの完全性を評価できる。これは本質的にスペクトラル解析によっておこなわれていることだ。

　しかしながらわれわれは、振動がほぼ等しい期間をもつと信じるにたる理由をもっていない。それゆえ第二のアプローチを採用する。サイン波を使うよりもむしろ、多項式関数をつかってデータにフィットさせる。そして多項式の次数を高めながら、フィットの完全性を評価する。

これがテーラー＝コイン法によっておこなわれていることだ。「識別可能な」波動のような振動を同定することは、単一の多項式次数やそれに隣接した多項式次数の中ではつぎの発見に依存している。すなわち説明される有意な分散がいちじるしく上昇するかどうかということである。単一の有意な多項式のあいだに、あるいは有意な多項式「帯」のあいだに、多項式の次数の上昇が、説明される分散を上昇させない領域がある。潜在的な曲線を記述するために、われわれは単一の多項式をプロットする。あるいは――有意な多項式帯が見出される場合には――それぞれの帯を定義できる、もっとも高次の多項式をプロットする。

多項式帯をつかった分析を示すために、論文「六カ国の長期波動」の図1でプロットしたC波動とK波動の背後にあるデータに目を向けよう。イギリスのGDPをつかった段階的多項式分解の結果は表1に示されている。

この段階的分析で、一次、二次、三次の多項式は、それぞれ有意な高いF比を示している。四次、五次、六次、七次の多項式は説明される分散においてほとんど上昇をみない。他方、八次、九次、十次の多項式はそれぞれ高いF比を示している。このように、次数一、二、三次の多項式は、八、九、十次の多項式がそうであるように、「多項式帯」を定義する。

それゆえわれわれは、二つの「識別可能な」振動がデータのなかに見出されると結論する。第一の振動――第一の多項式帯――をプロットするにあたって、三次、四次、五次の多項式を選ぶことができる――、その結果をプロットしたものはまったく同じに見えるであろう。プロットされた場合、フイット

表1　段階的多項式回帰分析：イギリスのGDP

次数	分散(%)	累積的分散	F比
1	87.65	87.65	773.74*
2	8.20	95.85	213.30*
3	3.07	98.92	303.63
4	.00	98.92	.31
5	.00	98.93	.41
6	.06	98.99	6.23
7	.00	98.99	.04
8	.33	99.32	49.71*
9	.06	99.38	10.33*
10	.09	99.47	17.12*
11	.01	99.48	1.43
12	.00	99.48	.31

*Sig.＞1.001

がわずかばかり改善されたとしても、それを裸眼でとらえることはほとんどできない。同様に、結果としてえた残差を十一次の多項式にフィットさせるか、あるいは十二次の多項式にフィットさせるかどうか、ということもまったく問題にならない。結果はまったく同じに見えるだろう。実際的な、だが恣意的なめのこ算と同様に、われわれは問題の多項式帯をはっきりと特徴づけることができる、もっとも高い次数の多項式を選択する。――この例では、五次と十二次の多項式である。

有意な多項式のそれぞれをプロットしていない理由を説明しておこう。もしそうしていたならば、最終的に六本の異なった曲線をえただろう。そのかわりに――上で素描された論理によって――それぞれの帯が単一の「識別可能な」波動のような形態を定義すると仮定する。

こうして、スペクトラル解析におけるように、観察された系列がいくつかの単純な振動形態の総和によって有意味に表現される、と仮定する。前頁の表1は、しだいに複雑になっていく振動が全体的な分散にあたえる寄与度を示す点で、スペクトラル密度チャートに類似している。「多項式帯」という考えも「スペクトラル帯」という概念に類似している。

スペクトラル帯の解釈と同様に、多項式帯の解釈は外部の知識に依存する。主として、その帯の内部で見られるそれぞれの多項式は、結果が非常に絡み合い、経験的には識別されないような、そういったさまざまな過程を表現するかもしれない。そうでない場合には、帯は単一の過程を反映しているかもしれない。われわれは、時系列をデータが許す限界にまで小さく分解してきた。だが何かプラトン的本質といったものに到達したと考えることは決してできない。

スペクトラル解析は異なった周波数帯にある二つの変数間の線形的な結合の次数を計算することによって多重系列の比較をあつかう（「干渉」推定値）。これと同じように、多項式解析はそのそれぞれの多項式帯を特徴づける多項式推定値を相関させることによって系列を比較できるのである。

B　ブリルの恣意的なデータ処理

テーラー＝コイン（Taylor & Coyne, 1980）は多項式帯の分析手法を示さなかった。その結果、ブリルがその方法を実際に単一の帯からなるデータに適用したとき、ひどい誤りを犯したのであった。

ブリルは次のような間違った思いこみから始める。すなわち、テーラー＝コイン法が「時系列の現実値が、線形のトレンド、ほぼ周期的な成分、そしてランダムな変動の線形結合である、と仮定する必要がある」というものだ。この思いこみによって、かれは次の叙述からなる論証をでっちあげている。

……一次、二次、および三次の多項式が有意であると見出される時系列……。経験的に観察された時系列をその加法式が含むような、そういった次数に照応して現実の波形が存在する、と想定されている。

われわれが段階的多項式回帰によって評価したとき、その結果がオリジナルなサイン曲線を復活させることはなかった。

ブリルが「六カ国の長期波動」の図1と2に示されたデータを検討していたならば、自分の間違いにとらわれることはなかったかもしれない。六カ国すべてにおいて、一次、二次、および三次の多項式で表現した曲線のそれぞれが説明される分散の有意な上昇を説明している。この六つのケースは正確にかれの恣意的なケースに類似している。しかし、わたしは決して次のような結論を下すことはしなかった。すなわち、三つの識別可能な波形がそれらの次数に照応してどの国にも存在する、と。各国において、三つでなく、一つの波動がこの多項式帯を特徴づけるためにプロットされた。

要するに、ブリルは「時系列を労せずに」提供したのではなかった。かわりにかれが設定したのは不適切な問題であった。

C ブリルの帰納主義論

ブリルは、演繹理論が欠けているという理由で、この論文を非難する、そして（おそらく）循環研究をも非難するだろう。もちろんかれは正しい。テーラー＝コインの手法は、スペクトラル解析のように、非理論的ツールである。その唯一の目的は複雑な時系列のなかに単純なパターンを発見することにある。そのパターンがさまざまな系列のあいだで比較される場合には、類似性が見出されるかもしれない。二つの時系列の単純なパターンが同時に変化する場合、それらがどのような仕方で関係しているのかを問い、そしてその発見のインプリケーションを探求することは合理的なことだ。

ブリルは、結果が「良くて示唆的であるにすぎない」と主張しており、そのような努力に懐疑的である。かれは「経験主義」について軽蔑的に語り、帰納的発見の過程を、絵の中の実存しないイエス・キリストのイメージを認識することにたとえている。

かれの見解はたしかに一般的ではあるが、わたしには生産的なことのようには思われない。観察や実験から得た知識に言及するとき、その言葉を日常的な意味でつかうならば、どのような真実の科学も「経験的」である。以前に曖昧であったものを目に見えるようにする新しい方法が見つけだされたときに、一般的にいって、科学において発見が生まれることがよくある。テーラー＝コイン法がそのような「新しい方法」である。だとすれば、その方法による発見が「示唆的にすぎない」のだ。その発見は検証され説明される必要がある。そしてその説明がテストされる必要もある。しかし同じことが、どのような新しいものの発見についても――それが微生物であれ、恒星状天体であれ、アメリカ大陸であれ――いえる。未発達な領域において「示唆的にすぎない」ことは、決してとるに足りない成果ではない。

ブリルによって提起された他の手法上の問題は次のように簡単にまとめられる。

直交化のメリット。直交解がその精確さと計算上の単純さから選好されるべきだということに留意している点で、ブリルはもちろん正しい。われわれはその単純さだけを引き合いに出す点で間違った。

信頼度テスト。統計的にいえば、信頼性テストが諸系列の分散の同質性を仮定するということに注意を促している点で、ブリルは正しい。しかしながら、こうした仮定からのゆるやかな逸脱は結果にそれほど大きな影響をあたえるものではない——そのテストは合理的で頑健である、と一般的に受け入れられている。いちじるしい逸脱が起こる場合には、スケール変換がその問題を解決するかもしれない。

前進、それとも後退? ブリルの主張とは反対に、段階的多項式回帰をあつかうには、いくつかのやり方がある。ハイエス（Hayes, 1970）は、われわれのやり方ときわめてよく似た手法を記している。

スルツキー＝ユール効果のインプリケーション。ランダムな変化にしたがう自己相関系列が波動のような振動をしめすということを論証するために、ブリルは多大の努力とスペースを割いている。

スルツキー＝ユール効果に精通していない人びとのためには、そうした論証が啓蒙的であると理解されるかもしれない。けれども、その効果はわたしには自明のことであった。ランダムな変化にしたがう、いかなる自己相関系列も、波動のような振動を示すかもしれない。こうしたことは一九三〇年代以来知られている。わたしは「六カ国」論文のなかでそのことを述べている。だが、ついでに触れているにすぎない。というのも（前に引用した理由で）その論文での発見がランダム・ショックから生じたものとして説明することができないからだ。

5 結論

ブリルの方法論的および理論的批判はテーラー論文が述べていなかったことを述べていると仮定している。テーラー論文は循環分析にかんする古くさいやり方をとっていないし、その仮定と信念が標準的な伝統にしたがうものでもない。標準的な伝統へのかれの批判は的外れである。ブリルがその論文に細心の注意を払い、ステロタイプ化した考えをもたずに読んでいたならば、かれはもっと慎重な結論に達していたであろう。また新しい方法がゲームのルールを変えてしまったことにも気づいたであろう。

この論文はその変化の性質とインプリケーションを示したものだ。テーラー＝コイン法は周期性にかんして何の仮定もおかないから、必ずしも通常の意味における循環に関係するものではない。かわりにその方法は波動のような振動を同定し、そしてその振動がもっとも少ない仮定のもとで諸系列の変動を説明するのだ。真の循環が出現する場合には、この方法はそれを同定するし、そうでない場合には、同定しない。周期性という必要条件を落とすことは、循環研究に対するもっとも効果的な批判をとり除くことだ。だがそれは、歴史分析の中で「循環」という概念のもつ威力を減じることではない。

周期性の仮定がはずされたことで、スペクトラル解析の理論的正当性もとり除かれる。ここで示された方法がスペクトラル解析にかわる合理的な方法を提供する。というのはその方法が、たまたま本当に周期的であるものも含めて、多様な波動のような振動を同定でき、叙述できるからだ。

（遠山弘徳訳）

Slutzky, Eugen (1937). "The Summation of Random Causes as the Source of Cyclic Procession," *Econometrica,* V, 1, 105-46.
Soper, John C. (1978). *The Long Swing in Historical Perspective.* New York: Arno.
Taylor, James B. & Coyne, Lolafaye (1980). "Identifying and Characterizing Cycles and Other Systematic Regularities in Economic Time Series Data," *Journal of Interdisciplinary Cycle Research,* XI, 2; 145-60.
Taylor, James B. (1988). "Long Waves in Six Nations: Results and Speculations from a New Methodology," *Review,* XI, 3, Sum., (373-92).
〔岡久啓一訳「六ヵ国の長期波動——新しい方法にもとづく諸結果と考察」、本書所収〕

■循環をめぐる問題■

Adelman, I. & Adelman, F. L. (1959). "The Dynamic Properties of the Klein-Goldberger Model," *Econometrica,* XXVII, 4, 596-625.
Braudel, Fernand (1979). *Civilization and Capitalism, 15th-18th Century,* III: *The Perspective of the World.* New York: Harper & Row.
Braudel, Fernand (1980). *On History.* Chicago: Univ. of Chicago Press.
Brill, Howard (1988). "Stepwise Polynomial Regression: Royal Road or Detour?" *Review,* X, 3, Sum., 393-411.
〔遠山弘徳訳「段階的多項式回帰——近道か、回り道か」、本書所収〕
Bronowski, Jacob (1956). *Science and Human Values.* New York: Harper Brothers.
Forrester, Jay W. (1977). "Growth Cycles," *De Economist,* CXXV, 4, 525-43.
Hayes, J. G. (1970). "Curve Fitting by Polynomials in One Variable," in J. G. Hayes, ed., *Numerical Approximation to Functions and Data.* London: Athelone Press,
Imbert, Gaston (1959). *Des Mouvements de longue durée Kondratieff.* Aix-en-Provence: Pensée Universitaire.
Rostow, Walt W. (1980). *Why the Poor Get Richer and the Rich Slow Down: Essays in the Marshallian Long Period.* Austin: Univ. of Texas Press.
Rostow, Walt W. & Kennedy, Michael (1979). "A Simple Model of the Kondratieff Cycle," *Research in Economic History,* IV, 1-36.
Schumpeter, Joseph (1939). *Business Cycles: A Theoretical Historical, and Statistical Analysis of the Capitalist Process.* New York: McGraw Hill.
〔吉田昇三監修・金融経済研究所訳『景気循環論』有斐閣〕
Soper, John C. (1978). *The Long Swing in Historical Perspective: An Interpretive Summary.* New York: Arno.
Taylor, James B. & Coyne, Lolafaye (1980). "Identifying and Characterizing Cycles and Other Systematic Regularities in Economic Time Series Data," *Journal of Interdisciplinary Cycle Research,* XI, 2, 145-60.
Wallerstein, Immanuel (1984). *The Politics of the World-Economy: The States, the Movements, and the Civilizations.* Cambridge: Cambridge Univ. Press.

〔浜崎敬治・山下邦男訳『経済観測の科学』法政大学出版局〕

Nullau, Bruno (1976). "Die Kondratieff Wellen – Ein Slutzky-Effect?" *Wirtschaftsdienst*, LVI, 4, 177–79.

Polanyi, Karl 91944). *The Great Transformation*. Boston, MA: Beacon.

〔吉沢英成他訳『大転換』東洋経済新報社〕

Rostow, W. W. (1960). *The Stages of Economic Growth*. Cambridge: Cambridge Univ. Press.

〔木村健康・久保まち子訳『経済成長の諸段階』ダイヤモンド社〕

Taylor, James B. & Coyne, Lolafaye (1980). "Identifying and Characterizing Cycles and Other Systematic Regularities in Economic Time Series Data," *Journal of Interdisciplinary Cycle Research*, XI, 2, 145–60.

Trotsky, Leon (1973 [1923]). *Problems of Everyday Life*. New York: Monad Press, 273–80.

U.S. Department of Commerce (1975). *Historical Abstracts of the United States: Colonial Times to 1970*. Washington, DC: U.S. Government Printing Office.

Van Ewijk, C. (1981). "The Long Wave – A Real Phenomenon?," *De Economist*, CXXIX, 3, 324–72.

■段階的多項式回帰■

Bennett, Robert J. (1979). *Spatial Time Series: Analysis – Forecasting – Control*. London: Pion.

Bock, R. D. (1975). *Multivariate Statistical Methods in Behavioral Research*. New York: McGraw-Hill.

Dixon, R. (1969). *Orthogonal Polynomials as a Basis for Objective Analysis*. London: Her Majesty's Stationary Office. (Meteorological Office. Scientific Paper No. 30).

Draper, Norman R. & Smith, Harry (1981). *Applied Regression Analysis*. New York: Wiley.

〔中村慶一郎訳『応用回帰分析』森北出版〕

Dunn, Jean & Clark, Virginia (1974). *Applied Statistics: Analysis of Variance and Regression*. New York: John Wiley & Sons.

Fisher, Ronald A. (1958). *Statistical Methods for Research Workers*. New York: Hafner.

〔遠藤健児、鍋谷清治訳『研究者のための統計的手法』森北出版〕

Fishman, George S. (1969). *Spectral Methods in Econometrics*. Cambridge, MA: Harvard Univ. Press.

Friedman, Milton & Schwartz, Anna (1982). *Monetary Trends in the United States and the United Kingdom*. Chicago: Univ. of Chicago Press.

Lewis, W. A. (1978). *Growth and Fluctuations: 1870–1913*. London: George Allen & Unwin.

Mensch, Gerhard (1975). *Stalemate in Technology: Innovations Overcome the Depression*. Cambridge, MA: Ballinger.

Nerlove, Marc, et al. (1979). *Analysis of Economic Time Series: A Synthesis*. New York: Academic Press.

Pindyck, Robert S. & Rubinfeld, Daniel L (1981). *Econometric Models and Economic Forecasts*. New York: McGraw-Hill.

〔金子敬生監訳『計量経済学　モデルと予測』マグロウヒル〕

Schumpeter, Joseph (1939). *Business Cycles: A Theoretical, Historical, and Statistical Analysis of the Capitalist Process*. New York: McGraw-Hill.

〔吉田昇三監修・金融経済研究所訳『景気循環論』有斐閣〕

Schumpeter, Joseph A. (1939). *Business Cycles.* New York: McGraw-Hill.
〔吉田昇三監修・金融経済研究所訳『景気循環論』有斐閣〕

Simon, Herbert & March, James G. (1958). *Organizations.* New York: Wiley.
〔土屋守章訳『オーガニゼーションズ』ダイヤモンド社〕

Tylecote, Andrew B. (1981). *The Causes of the Present Inflation: An Interdisciplinary Explanation of Inflation in Britain, Germany, and the United States.* London: Macmillan.

Tylecote, A. B. & Lonsdale-Brown, M. L. (1982). "State Socialism and Development: Why Russian and Chinese Ascent Halted," in E. Friedman, ed., *Ascent and Decline in the World-System* (Volume V of the Political Economy of the World-System annuals). Beverly Hills, CA: Sage, 255-87.

■六ヵ国の長期波動■

Arrighi, Giovanni; Korzeniewicz, Roberto & Martin, William (1986). "Three Crises, Three Zones: Core-Periphery Relations in the Long Twentieth Century," *Cahiers du GEMDEV*, No. 7, mars, 125-61.

Barr, Kenneth (1979). "Long Waves: A Selective Annotated Bibliography," *Review*, II, 4, Spr., 675-718.

Braudel, Fernand (1984). *The Perspective of the World.* New York: Harper & Row.

Chandler, Alfred (1977). *The Visible Hand.* Cambridge, MA: Harvard Univ. Press.
〔鳥羽欽一郎・小林袈沙治訳『経営者の時代』東洋経済新報社〕

Feinstein, C. H. (1972, 1976). *Statistical Tables of National Income, Expenditure and Output of the U.K., 1855-1965.* Cambridge: Cambridge Univ. Press.

Hopkins, Terence K. & Wallerstein, Immanuel (1986). "Comparing Downturns, Some Questions of Method," *Cahiers du GEMDEV*, No. 7, mars, 7-21.

Irsigler, Franz & Metz, Rainer (1984). "The Statistical Evidence of 'Long Waves' in Pre-Industrial and Industrial Times," *Social Science Information*, XXIII, 2, 381-410.

Kendal, Maurice (1973). *Time Series.* New York: Hafner Press.

Kondratieff, N. D. (1979). "The Long Waves in Economic Life," *Review*, II, 4, Spr., 519-52.
〔中村丈夫編訳『コンドラチェフ景気波動論』亜紀書房、所収〕

Kondratieff, N. D. (1984). *The Long Wave Cycle.* New York: Richardson & Snyder.

Maddison, Angus (1982). *Phases of Capitalist Development.* Oxford & New York: Oxford Univ. Press.

Mitchell, B. R. (1980). *European Historical Statistics: 1750-1975.* New York: Facts on File.
〔中村宏監訳『マクミラン世界歴史統計、ヨーロッパ編』原書房〕

Mitchell, B. R. (1982). *International Historical Statistics: Africa and Asia.* New York: New York Univ. Press.
〔北村甫監訳『マクミラン世界歴史統計、日本・アジア・アフリカ編』原書房〕

Morgenstern, Oskar (1963). *On The Accuracy of Economic Observations.* Princeton, NJ: Princeton Univ. Press.

Wood, Stephen, ed. (1982). *The Degradation of Work*. London: Hutchinson.

■1780年から2000年までの長期波動の解釈のために■

Boyer, Robert (1979). "La crise actuelle: Une mise en perspective historique," *Critiques de l'économie politique,* Nos. 7-8, avr.-sept., 5-113.

Boyer, Robert (1982). "Origine, originalité et enjeux de la crise actuelle en France: Une comparaison avec les années trente," in *La Crise Economique et sa Gestion*. Montreal: Boreal-Express.

Duijn, Jacob B. van (1983). *The Long Wave in Economic Life*. London: Allen & Unwin.

Freeman, Christopher; Clark, John & Soete, Luc (1982). *Unemployment and Technical Innovation: A Study of Long Waves and Economic Development*. London: Frances Pinter.

Kleinknecht, Alfred (1981). "Observations on the Schumpeterian Swarming of Innovations," *Futures,* XIII, 4, 293-307.

Kondratieff, Nikolai (1935). "The Long Waves in Economic Life," *Review of Economic Statistics*, XVII, 6, Nov., 105-15 (also in *Review,* II, 4, Spr., 1979, 519-62).

Lipietz, Alain (1981). "Vers une mondialisation du fordisme?" unpubl. contribution to the International Symposium at Sfax (English translation in *New Left Review*, No. 132, Mar.-Apr., 33-47).

Lipietz, Alain (1982). "De la nouvelle division internationale du travail à la crise du fordisme peripherique," CEPREMAP Working Paper No. 8225.

Mensch, Gerhard (1975). *Das Technologische Patt: Innovationen überwinden die Depression*. Frankfurt: Umschau.

Mistral, Jacques (1982). "La diffusion internationale inégale de l'accumulation intensive et ses crises," in J. J. Reiffers, ed., *Economie et Finance Internationale*. Paris: Dunod.

Myrdal, Gunnar (1963). *Economic Theory and Underdeveloped Regions*. London: Duckworth.
〔小原敬士訳『経済成長と低開発地域』東洋経済新報社〕

Perez, Carlota (1983). "Structural Change and the Assimilation of New Technologies in the Economic and Social Systems," unpubl. paper presented at the International Seminar on Innovation, Design and Long Cycles in Economic Development, London.

Schumpeter, Joseph A. (1912). *Theorie der wirtschaftlichen Entwicklung*. Leipzig: Dunckler & Humboldt.
〔中村一郎・東畑精一訳『経済発展の理論』岩波書店〕

Eklund, Klaus (1980). "Long Waves in the Development of Capitalism? " *Kyklos,* XXXIII, 3, 383-419.

Freeman, Christopher (1979). "The Determinants of Innovation,"*Futures*, XI, 3, 206-15.

Freeman, Christopher; Clark, John & Soete, Luc (1982). *Unemployment and Technical Innovation: A Study of Long Waves and Economic Development*. London: Frances Pinter.

Healey, Martin 1967). *Principles of Automatic Control.* Princeton, NJ: Nostrand

Jones, Bryn (1982). "Destruction or Redistribution of Engineering Skills? The Case of Numerical Control," in S. Wood, ed., *The Degradation of Work*. London: Hutchinson.

Kleinknecht, Alfred (1981). "Observations on the Schumpeterian Swarming of Innovations," *Futures*, XIII, 4, 292-307.

Landes, David S. (1969). *The Unbound Promotheus*. London: Cambridge Univ. Press.

〔石坂昭雄他訳『西ヨーロッパ工業史』みすず書房〕

Mandel, Ernest (1981). "Explaining Long Waves of Capitalist Development," *Futures*, XIII, 4, 332-39.

Mandel, Ernest (1980). *Long Waves in the History of Capitalist Development*. Cambridge: Cambridge Univ. Press.

〔岡田光正訳『資本主義発展の長期波動』柘植書房〕

Mandel, Ernest (1981). "Explaining Long Waves of Capitalist Development," *Futures,* XIII, 4, 332-39.

Mensch, Gerhard (1979). *Stalemate in Technology*. Cambridge: Ballinger.

Nelson, Richard & Winter, Sidney (1977). "In Search of a Useful Theory of Innovation," *Research Policy*, VI, 36-76.

Pasinetti, Luigi L. (1982). *Structural Change and Economic Growth*. Cambridge: Cambridge Univ. Press.

〔大塚勇一郎他訳 『構造変化と経済成長』日本評論社〕

Rosenberg, Nathan (1976). *Perspectives on the Technology*. Cambridge: Cambridge Univ. Press.

Wallerstein, Immanuel (1979). "Kondratieff Up or Kondratieff Down?" *Review*, II, 4, Spr., 663-74.

〔岡久啓一訳「コンドラチェフ波動は上昇しているのか下降しているのか」、本書所収〕

Walsh, Vivien (1982). "The Use of Patents and other Indicators in a Study of Invention and Innovation in the Chemical Industry," unpubl. paper delivered at the O.E.C.D. Science Indicators Conference, Paris.

Slicher van Bath, B. H. (1977). "Agriculture in the Vital Revolution," in *Cambridge Economic History of Europe,* V: E. E. Rich & C. H. Wilson, eds., *The Economic Organization of Early Modern Europe*. Cambridge: Cambridge Univ. Press, 42-137.

Spree, Reinhard (1980). "'Lange Wellen' des Wirtschaftswachstums," in W. H. Schröder & R. Spree, Hrsg., *Historische Konjunkturforschung* (Bd. II of *Historisch-Sozialwissenschaftliche Forschungen*). Stuttgart: Klett-Cotta, 304-15.

Wallerstein, Immanuel (1979). "Kondratieff Up or Kondratieff Down?" *Review,* II, 4, Spr., 663-73.

〔岡久啓一訳「コンドラチェフ波動は上昇しているのか下降しているのか」、本書所収〕

Wallerstein, Immanuel (1983). "The Three Instances of Hegemony in the History of the Capitalist World-Economy." *International Journal of Comparative Sociology,* XXIV, 1-2, Jan.-Apr., 100-08.

■長期波動と労働過程変化■

Aglietta, Michael (1979). *A Theory of Capitalist Regulation*. London: New Left Boks.

〔若森章孝他訳『資本主義のレギュラシオン理論』大村書店〕

Bell, Martin (1972). *Changing Technology and Manpower Requirements in the Engineering Industry*. Sussex: E.I.T.B./Sussex Univ. Press.

Braverman, Harry (1974). *Labor and Monopoly Capital.* New York: Monthly Review Press.

〔富沢賢治訳『労働と独占資本』岩波書店〕

Bright, James Rieser (1956). *Automation and Management*. Cambridge: Harvard Univ. Press.

Brighton CSE Group (1977). "The Capitalist Labour Process," *Capital and Class*, I, 3-26.

Clark, John; Freeman, Christopher & Soete, Luc (1980). "Long Waves and Technological Developments in the 20th Century," unpubl. paper delivered at the conference, "Wirtschaftliche Wechsellagen un sozialer Wandel," Bochum.

Coombs, Rod (1981). "Innovation, Automation and the Long-Wave Theory," *Futures,* XIII, 5, 360-71.

Coombs, Rod (1982). "Automation and Long-Wave Theories," unpubl. Ph.D. diss., Univ. of Manchester.

Day, Richard (1976). "The theory of the long cycle: Kondratiev, Trotsky, Mandel," *New Left Review,* No. 99, Sept.-Oct., 67-82.

Delbeke, Jos (1981). "Recent Long-Wave Theories: A Critical Survey," *Futures,* XIII, 4, 245-58.

of the International Congress of Economic History, Edinburgh, II, 79-86.
Labrousse, C.-E. (1943). *La crise de l'économie française à la fin de l'Ancien Régime et au début de la Révolution,* t. I. Paris: Presses Univ. de France.
Labrousse, C.-E (1945). "Préface," to A. Chabert, *Essai sur les mouvements des prix et des revenus en France, 1798 à 1820.* Paris: Lib, des Médicis, i-ix.
Labrousse, C.-E. (1975). "Aspects d'un bilan méthodologique de l'histoire conjoncturelle (XVIe-XVIIIe siècles)," in *Metodología de la historia moderna: Economía y demografía.* Univ. de Santiago de Compostela, Actas de las I Jornadas de Metodología Aplicada de los Ciencias Históricas, 587-93.
Mandel, Ernest (1980). *Long Waves of Capitalist Development: The Marxist Interpretation.* Cambridge: Cambridge Univ. Press; and Paris: éd. de la Maison des Sciences de L'Homme.
〔岡田光正訳『資本主義発展の長期波動』柘植書房〕
Mensch, Gerd (1979). *Stalemate in Technology: Innovations Overcome the Depression.* Cambridge, MA: Ballinger. (Originally published, Frankfurt, 1975.)
Morineau, Michel (1978). "Trois contributions au colloque de Göttingen, " in E. Hinrichs et al., eds., *Von Ancien Regime zur Französichen Revolution.* Göttingen: Vandenhoeck & Ruprecht, 374-419.
Research Working Group on Cyclical Rhythms and Secular Trends (1977). "Research Proposal: Patterns of Development of the Modern World-System," *Review,* I, 2, Fall, 111-45.
〔山田鋭夫他訳『ワールド・エコノミー（叢書世界システム１）』藤原書店、所収〕
Research Working Group on Cyclical Rhythms and Secular Trends (1979). "Cyclical Rhythms and Secular Trends of the Capitalist World-Economy: Some Premises, Hypotheses, and Questions," *Review*, II, 4. Spr., 483-500.
〔遠山弘徳訳「資本主義世界経済の循環リズムと長期的トレンド――いくつかの前提、仮説、問題」、本書所収〕
Rostow, W. W. (1978). *The World Economy: History and Prospect.* Austin: Univ. of Texas Press.
〔坂本二郎他訳『大転換の時代』ダイヤモンド社〕
Rostow, W. W. & Kennedy, Michael (1979). "A Simple Model of the Kondratieff Cycle," *Research in Economic History,* IV, I-36.
Schumpeter, Joseph (1939). *Business Cycles*, 2 vols. New York & London: McGraw-Hill.
〔吉田昇三監修・金融経済研究所訳『景気循環論』有斐閣〕
Senge, Peter W. (1982). "The Economic Long Wave: A Survey of Evidence," unpubl. mimeo D-3262-1, Systems Dynamics Group, M.I.T., April.
Simiand, François (1932). *Les fluctuations économiques à longue période et la crise mondiale.* Paris: Lib. Félix Alcan.

参　考　文　献

■資本主義的プロセスとしての長期波動■

Aldcroft, Derek H. & Fearon, Peter (1972). *British Economic Fluctuations, 1790-1939*. London: Macmillan; & New York: St. Martin's Press.

Amin, Samir; Arrighi, Giovanni; Frank, André Gunder & Wallerstein, Immanuel (1982) *Dynamics of Global Crisis*. New York & London: Monthly Review Press. (French ed., *La crise, quelle crise?* Paris: Maspero, 1982).

Bois, Guy (1976). *Crise du féodalisme*. Paris: Presses de la Fondation Nationale des Sciences Politiques.

Braudel, Fernand & Spooner, Frank (1967). "Prices in Europe from 1450 to 1750," in *Cambridge Economic History of Europe*, IV: E. E. Rich & C. H. Wilson, eds., *The Economy of Expanding Europe in the Sixteenth and Seventeenth Centuries*. Cambridge: Cambridge Univ. Press, 374-486.

Cameron, Rondo (1973). "The Logistics of European Economic Growth: A Note on Historical Periodization," *Journal of European Economic History*, II, 1, Spr., 145-48.

Delbeke, Jos (1982). "Towards an Endogenous Interpretation of the Long Wave. The Case of Belgium, 1830-1930," Discussion Paper 82.02, Workshop on Quantitative Economic History, Kath. Univ. te Leuven, Centrum voor Economische Studien.

Dupriez, Léon H. (1978). "1974, A Downturn of the Long Wave?" *Banca Nazionale del Lavoro Quarterly Review*, No. 126, Sept., 199-210.

Forrester, Jay W. (1977). "Growth Cycles," *De Economist*, CXXV, 4, 525-43.

Gordon, David M. (1980). "Stages of Accumulation and Long Economic Cycles" in T. K. Hopkins & I. Wallerstein, eds., *Processes of the World-System*. Beverly Hills: Sage, 9-45.

Kondratieff, N. D. (1979). "The Long Waves in Economic Life," *Review*, II, 4, Spr., 519-62. (Originally published in part in English in 1935, in German in 1926, in Russian in 1925.)

〔中村丈夫編訳『コンドラチェフ景気波動論』亜紀書房、所収〕

Kuczynski, Thomas (1978). "Spectral Analysis and Cluster Analysis as Mathematical Methods for the Periodization of Historical Processes—A Comparison of Results Based on Data about the Development of Production and Innovation in the History of Capitalism. Kondratieff Cycles—Appearance or Reality?" *Proceedings*

執筆者紹介

Immanuel Wallerstein（イマニュエル・ウォーラーステイン）

1930年生まれ。ニューヨーク州立大学（Binghamton）社会学講座主任教授，フェルナン・ブローデル・センター所長。主著『近代世界システム』（I・II，岩波書店），『ポスト・アメリカ』（藤原書店），『史的システムとしての資本主義』（岩波書店）。

Terence K. Hopkins（テレンス・K・ホプキンス）

1928年生まれ。ニューヨーク州立大学（Binghamton）社会学教授。主著『世界システム分析』（共著），『反システム運動』（共著）。

Howard Brill（ハワード・ブリル）

1959年生まれ。マレー州立大学（Kansas）社会学助教授。

James B. Taylor（ジェームズ・B・テーラー）

1930年生まれ。カンサス大学社会学教授。主著『トルネード』，『災害に対するコミュニティの対応』，『コミュニティの労働者』，『社会機関におけるコンピュータ利用』。

Rod Cooms（ロッド・クームズ）

1950年生まれ。マンチェスター大学科学技術研究所経営学上級講師。主著『経済学と技術変化』（P. Saviotti & V. Walsh, 共著），『技術，経済成長，労働過程』（P. Blackburn & K. Green, 共著）。

Andrew Tylecote（アンドリュー・ティルコート）

1946年生まれ。シェフィールド大学戦略経営論上級講師。主著『今日のインフレの原因』『世界経済における長期波動』。

訳者紹介

山田鋭夫（やまだ・としお）

名古屋大学教授

遠山弘徳（とおやま・ひろのり）

静岡大学助教授

岡久啓一（おかひさ・けいいち）

元・大阪経済法科大学講師（非常勤）

宇仁宏幸（うに・ひろゆき）

京都大学教授

叢書〈世界システム〉2
長期波動　新装版

1992年1月25日　初版第1刷発行
2002年9月30日　新装版第1刷発行©

訳　者　山田鋭夫他
発行者　藤原良雄
発行所　株式会社　藤原書店
〒162-0041　東京都新宿区早稲田鶴巻町523
電話　03(5272)0301
FAX　03(5272)0450
振替　00160-4-17013

印刷・製本　中央精版

落丁本・乱丁本はお取替えいたします
定価はカバーに表示してあります

Printed in Japan
ISBN4-89434-303-7

叢書〈世界システム〉発刊の辞

イマニュエル・ウォーラーステイン

ここに、雑誌 *Review : A Journal of Fernand Braudel Center* に掲載された論文の翻訳からなる叢書を、日本の読者に向けて提供できることは大変によろこばしい。この雑誌は、世界システム分析における経験的・理論的諸論文を発表する場所として役だつよう、一九七七年に発刊された。毎号 *Review* には、つぎのような編集方針が掲げられている。

「*Review* は、長期の歴史的時間と広域の空間にまたがる経済分析の第一義性、社会‐経済的諸過程のホーリズム、そして主題の過渡的（発見的）性質を認めるようなパースペクティブを追求することを表明する。」

われわれは雑誌そのものとしても、三重の意味で世界大的であろうとしてきた、――歴史における主題内容の地理範囲において、論文の筆者において、そして読者において。しかし文字どおり世界大的であることは容易ではない。その一つに言語の問題がある。この三〇年、英語はたいていの学問的・社会的討論の主要な伝達手段となってきた。なるほどこれは便利なことであるが、しかし明白な欠点をもっている。英語以外の書きことばをもつ論者の寄稿を、量的にも質的にも弱めてしまった。読者も限られてしまった。くわえて英語的なフォーマットでの概念使用を強制することによって、議論を歪めてしまったのである。

Review 誌は当初からこの問題と格闘してきた。英語支配の影響を緩和しようと、われわれは二つの方法を試みてきた。第一にわれわれは、英語以外の言語による論文を詳細な英語版要約つきで掲載してきた。第二に他の言語で出された論文を英訳して掲載した。この日本語版の叢書は、われわれの第三の方法である。

何年かにわたって *Review* は、事実上、現実の世界とりわけ近代世界を論ずる論文を主にあつかってきた。しかしながら概念の再定義をしようとする試論について、それを掲載しようとしなかったわけではない。歴史の社会科学においていくぶん無視されてきたと思われる主題に対しては、われわれはことのほか味方となって誌面を提供してきた。長期波動の分析、いわゆる社会主義諸国の資本主義世界経済への編入の問題（これは一九七七年夏の創刊号で議論ずみの主題である）、一九四五年以後の議論にさきだつ開発諸理論、世界システムへの合体の諸様式、資本主義的生産の非賃労働的な諸形態などの主題に対してである。

ここにわれわれは日本の読者に向けて、特定の主題ごとに諸論文をまとめてみた。この叢書が日本での議論を活発にするだけでなく、日本の研究者がさらにいっそう *Review* に寄稿してくださる機縁となればと願っている。

二一世紀への戦略を提示

新版
アフター・リベラリズム
（近代世界システムを支えたイデオロギーの終焉）

I・ウォーラーステイン　松岡利道訳

ソ連解体はリベラリズムの勝利ではない。その崩壊の始まりなのだ——仏革命以来のリベラリズムの歴史を緻密に跡づけ、その崩壊と来世紀への展望を大胆に提示。新たな史的システムの創造に向け全世界を鼓舞する野心作。

四六上製　四四八頁　**四八〇〇円**
（一九九七年一〇月／二〇〇〇年五月刊）
◇4-89434-077-1

AFTER LIBERALISM
Immanuel WALLERSTEIN

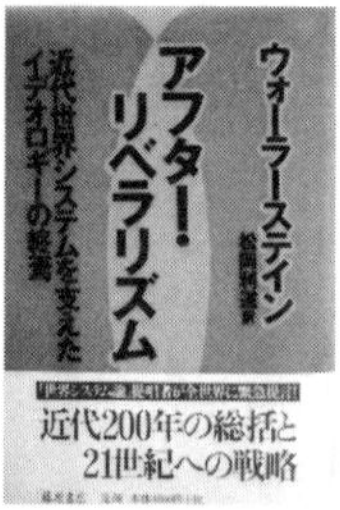

激動の現代世界を透視する

ポスト・アメリカ
（世界システムにおける地政学と地政文化）

I・ウォーラーステイン　丸山勝訳

「地政文化《ジェオカルチャー》」の視点から激動の世界＝史的システムとしての資本主義を透視。八九年はパックス・アメリカーナの幕開けではなく終わりである、冷戦こそがパックス・アメリカーナであったと見る著者が、現代を世界史の文化的深層から抉る。

四六上製　三九二頁　**三七〇〇円**
（一九九一年九月刊）
◇4-938661-32-2

GEOPOLITICS AND GEOCULTURE
Immanuel WALLERSTEIN

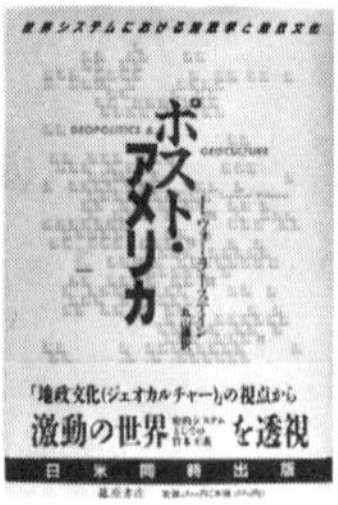

新しい総合科学を創造

脱＝社会科学
（一九世紀パラダイムの限界）

I・ウォーラーステイン
本多健吉・高橋章監訳

一九世紀社会科学の創造者マルクスと、二〇世紀最高の歴史家ブローデルを総合。新しい、真の総合科学の再構築に向けて、ラディカルに問題提起する話題の野心作。〈来日セミナー〉収録。（川勝平太・佐伯啓思他）。

A5上製　四四八頁　**五七〇〇円**
（一九九三年九月刊）
◇4-938661-78-0

UNTHINKING SOCIAL SCIENCE
Immanuel WALLERSTEIN

世界システム論で見る戦後世界

転移する時代
（世界システムの軌道 1945–2025）

T・K・ホプキンズ、
I・ウォーラーステイン編　丸山勝訳

近代世界システムの基本六領域（国家間システム、生産、労働力、福祉、ナショナリズム、知の構造）において、一九六七／七三年という折り返し点の前後に生じた変動を分析、システム自体の終焉と来るべきシステムへの「転移」を鮮明に浮上させる画期作。

A5上製　三八四頁　**四八〇〇円**
（一九九九年六月刊）
◇4-89434-140-9

THE AGE OF TRANSITION
Terence K. HOPKINS,
Immanuel WALLERSTEIN et al.

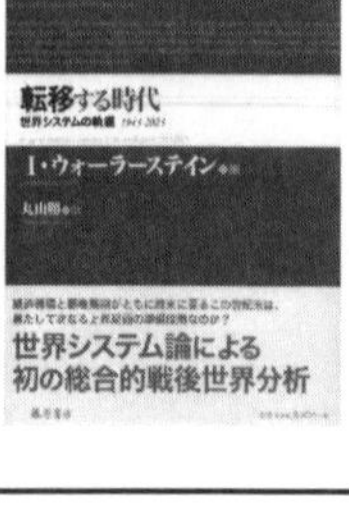